特別支援教育サポートB

JN038444

個別のねらいに合わせて評価ができる

全員参加の ゲームでつくる 特別支援教育の 授業

特別支援学校
小学部
・
小学校
特別支援学級

筑波大学附属
大塚特別支援学校 **髙津 梓** ✕ 筑波大学 **米田 宏樹** ［編著］

明治図書

はじめに

　2017（平成28）年・2019（平成30）年の特別支援学校学習指導要領の改訂（以下，新学習指導要領）では，通常の学校の教育課程と「知的障害である児童生徒を教育する特別支援学校における各教科」（以下，知的障害教育各教科）による教育課程等との連続性の可視化が重要ポイントの1つとされました。新学習指導要領では，知的障害教育各教科の目標や内容が，小学校等の通常の各教科と同じく，「育成を目指す資質・能力の3つの柱（①知識及び技能，②思考力・判断力・表現力等，③主体的に学習に取り組む態度）」で整理されました。ここでは，知的障害各教科の各段階の内容が，通常の学校の各教科の学年段階のいずれの段階に相当する内容までを含んでいるかが精査され，教科の系統性が重視されました。

　この新学習指導要領に対する評価には，①知的障害児童生徒に対する学力保障立場から教科別領域別に学習内容を明らかにする教育実践の拡充・蓄積とカリキュラムの整理を期待する声や，②知的障害教育の全国的な一定教育内容水準の確保の可能性を指摘しつつも教師の創意工夫の余地がなくなり教育課程に子どもを合わせる「水増し教育」への逆戻りを懸念する声，③新学習指導要領の示し方のパラダイムシフトを前向きに捉えて知的障害教育の意識改革やさらなる充実を期待する声などがあります。

　新学習指導要領後の知的障害教育の授業実践においては，各教科別の授業をよく目にするようになりました。各教科別に育成すべき資質能力の3観点で学習評価を行うことが求められていることも，各教科別の授業が多く試みられるようになった理由の1つではないかと思います。

　知的障害教育では「子どもがわかる」授業を通して子どもの自立と自己実現を図るために，より具体化した指導内容を設定し，実際的で多様な生活経験を通して指導することを基本としています。知的理解（理解できていることが何かを説明させることによって評価すること）よりも行動的理解（社会的文脈の中で求められる行動をとれることをもって何ができるかを評価すること）を重視し，生活上の課題解決に取り組む学習活動（思考・判断し表現する活動）を通して，各教科の知識・技能が習得されるという考え方が，知的障害教育の根底にはあります。この考え方は，思考・判断し表現することを通して知識及び技能の育成を図るという新学習指導要領が重視する学習過程の考え方と共通するものです。

知的障害のある子どもの「わかる授業づくり」にあたっては，各教科等の示す内容をもとに子どもの知的障害の状態や経験等に応じて，「生活に結びつく具体的な内容」を設定する必要があります。実際的な状況下で体験的に活動できるようにすることで，子ども一人一人が見通しをもって，意欲的に学習に取り組めるようにするのです。

　本書で取り上げているゲーム的活動の利点は，複数の子どもが一度に参加でき，簡単なルールの繰り返しの中で見通しがもちやすい活動であることと，勝敗に偶然性を設け実態に関係なく誰でも勝つことができるようにすることで，期待感や楽しみをもちながら活動できることです。ゲーム的な活動を学習活動の中心に据えることで，集団で１つの活動を共有しながら，個々の子どもの実態によって，扱う教材や活動のタイミングを変えたり，「役割分担」という形で活動を設定したりすることができます。さらに，ゲームを楽しむために，ペアやチームでの活動が必要な必然性をもたせることによって，１つの目的に向かって友達と取り組む中で，友達への関わりが促進されるという効果もあります。

　このように，学び方や学びの進度の多様な集団でゲーム的活動を行うことにより，友達が学ぶ姿をモデルにしたり，自分の知っていることを友達に教えることで学びを深めたりするなど，同じ活動を通して段階の違う学習に触れる「主体的・対話的で深い学び」を実現できます。

　知的障害教育の肝は，集団のダイナミクスを活用できる学習活動題材の設定です。本書に実践を寄せてくださった先生方は，具体的な経験を活動題材に据えた「わかる授業づくり」に優れた実績のある選りすぐりのメンバーです。実践紹介は，特別支援学校小学部，特別支援学級低学年の授業に取り入れられるゲームのアイデア集として，指導アイデアの形に一般化して提案していただきました。知的障害教育各教科の小学部１～３段階の子どもや小学校１・２年生の各教科の内容を学習する段階の子どもたちが１つのゲームに一緒に参加し，どのようなねらいで学習を進め，どのように学習評価を行えばよいのかを示しています。

　令和の「個別最適な学び」と「協働的な学び」を一体的に充実させて，知的障害教育における「主体的・対話的で深い学び」を体現する授業改善の試みが，本書を種にして，広がり，そして深まっていくことを願っています。

編著者　米田　宏樹

CONTENTS

CONTENTS

第1章

授業づくりの要所

知的障害教育における
個別最適な学びと協働的な学び

（米田　宏樹）

「令和の日本型学校教育」における「個別最適な学び」と「協働的な学び」

　2021（令和3）年1月の中央教育審議会答申「『令和の日本型学校教育』の構築を目指して〜全ての子供たちの可能性を引き出す，個別最適な学びと，協働的な学びの実現〜（答申）」（以下「答申」）では，学習指導要領において示された資質・能力の育成を着実に進めるために，多様な児童生徒を誰一人取り残すことなく育成する「個別最適な学び」と，児童生徒の多様な個性を最大限に生かす「協働的な学び」の一体的な充実が図られることの必要性が示されました。この章では，「答申」に示された「個別最適な学び」「協働的な学び」とは何かを確認し，知的障害のある子どもの「個別最適な学び」と「協働的な学び」を実現する教育実践のあり方について考えます。

❶ 「個に応じた指導」と「個別最適な学び」

　「答申」では，「指導の個別化」と「学習の個性化」を教師視点から整理した概念が「個に応じた指導」であり，この「個に応じた指導」を学習者視点から整理した概念が「個別最適な学び」であると述べられています。教師による「指導の個別化」と「学習の個性化」の2つによって，子どもが自己調整しながら学習を進めていくことができるようになっていくプロセスを保障することが，「個別最適な学び」の重要な点であると言えます。

　「指導の個別化」とは，教師が，すべての子どもに基礎的・基本的な知識・技能を確実に習得させ，思考力・判断力・表現力等や，自ら学習を調整しながら粘り強く学習に取り組む態度等を育成するために，支援の必要な子どもにより重点的な指導を行うことなどで効果的な指導を実現することや，子ども一人一人の特性や学習進度，学習到達度等に応じ，指導方法・教材や学習時間等の柔軟な提供・設定を行うことなどを指します。

　「学習の個性化」とは，教師が，子ども一人一人に応じた学習活動や学習課題に取り組む機会を提供することで，子ども自身が自分の学習が最適となるよう調整することを指します。「学習の個性化」では，教師が，個々の子どもの有する基礎的・基本的な知識・技能等や，言語能力，情報活用能力，問題発見・解決能力等の学習の基盤となる資質・能力等を土台として，幼児期からの様々な場を通じての体験活動から得た興味・関心・キャリア形成の方向性等に応

じた課題にアプローチする学習活動を設定することができるか否かがカギとなるでしょう。

　「令和の日本型学校教育」における「個に応じた指導」とは，「指導の個別化」と「学習の個性化」のために教師が講じるあらゆる手立てを指します。現行の小・中・高等学校の各学習指導要領では総則の「児童（生徒）の発達の支援」の項において，特別支援学校学習指導要領では総則の「教育課程の編成」の項において，児童（生徒）や学校の実態に応じ，個別学習やグループ別学習，繰り返し学習，学習内容の習熟の程度に応じた学習，児童（生徒）の興味・関心等に応じた課題学習，補充的な学習や発展的な学習などの学習活動を取り入れることや，教師間の協力による指導体制を確保することなど，指導方法や指導体制の工夫改善により，個に応じた指導の充実を図ることが求められています。

❷ 「個別最適な学び」と同時に実現される「協働的な学び」

　「答申」では，「個別最適な学び」が「孤立した学び」に陥らないよう，これまでも重視されてきた，探究的な学習や体験活動などを通じ，子ども同士で，あるいは地域の方々をはじめ多様な他者と協働しながら，あらゆる他者を価値のある存在として尊重し，様々な社会的な変化を乗り越え，持続可能な社会の創り手となることができるよう，必要な資質・能力を育成する「協働的な学び」を充実することも重要であると述べられています。「協働的な学び」においては，集団の中で個が埋没してしまうことがないように「主体的・対話的で深い学び」を実現する授業改善の必要性や，同じ空間で時間を共にすることで，お互いの感性や考え方等に触れ，刺激し合うことの重要性が指摘されています。筆者は，この指摘を，「協働的な学び」の実現には，授業における「共同（協同）学習」の機会の充実が重要であることを示しているものと理解しています。

　特に，「答申」の自分の感覚や行為を通して理解する実習・実験，地域社会での体験活動など，様々な場面でリアルな体験を通じて学ぶことを重視する方向性は，次項で述べるように，実際的経験を学習活動の中核に据える知的障害教育実践のあり方と共通します。また，同一学年・学級のみならず，異学年間の交流の機会を充実することで，子供が自らのこれまでの成長を振り返り，将来への展望を培うとともに，自己肯定感を育むなどの取組も大切であるとされている点も，同一学年であっても個人差が大きい知的障害のある子どもに，様々な学習集団のダイナミクスを活用した授業を追究してきた知的障害教育実践の考え方と軌を一にするものだと理解できます。

　「答申」では，授業の中で「個別最適な学び」の成果を「協働的な学び」に生かし，さらにその成果を「個別最適な学び」に還元するなど，「個別最適な学び」と「協働的な学び」を一体的に充実し，「主体的・対話的で深い学び」の実現に向けた授業改善に繋げていくことが必要であると述べられています。

知的障害教育の神髄としての「個別最適な学び」と「協働的な学び」

❶ 知的障害教育における「集団的指導場面」による「個に応じた指導」の重要性

　知的障害教育では，集団的指導場面（一斉授業）における個別的指導（個に応じた指導）のあり方が追究されてきました。これは，知的障害特別支援学級では，1人の担任教師が異学年・異発達段階の子どもによる最大8人の集団に授業を実施しなければならないという実際的な課題への対応の必要性や，特別支援学校における個人差の大きな集団に対する授業の工夫の必要性があったためです。知的障害のある子どもは，社会生活への適応の困難を有していますので，集団生活や円滑な対人関係についての基礎的な事柄の指導が必要です。そして，そのためには，生活に即した実際的な指導場面で，かつ，集団のダイナミクスを活用できる集団的指導場面（一斉授業）でのきめ細やかな個別的指導が不可欠です。

　特別支援学校学習指導要領の「知的障害者である児童生徒に対する教育を行う特別支援学校の各教科」（以下，知的障害教育各教科）は，学年によらず，小学部3段階，中学部2段階，高等部2段階の7段階で大まかにその目標と内容が示されています。各段階の内容は，生活年齢を基盤とし，知的能力や適応能力及び概念的な能力等を考慮しながら段階ごとに人とのかかわりの広がり，生活の場の広がり，かかわる事柄の広がりに基づいて配列されています。知的障害のある子どもは，同一学年であっても，発達や学力，学習状況に大きな個人差があることから，学年ごとではなく，段階を設けて示すことにより，個々の子どもの実態等に即して，各教科の内容を選択して，効果的な指導を行うことができるように，各教科の示し方も工夫されているのです。

　さらに，知的障害のある子どもの発達の大きな個人差や多様な教育的ニーズに応じた集団的指導を可能にするために，「特に必要があるときは，各教科，道徳，外国語活動，特別活動及び自立活動の全部又は一部について，合わせて授業を行うことができる」（学校教育法施行規則第130条第2）とされています。

❷ 個別の学習課題と集団の学習活動題材の設定

　授業における「教授－学習活動」は，教材すなわち学習活動題材を媒介として成立します。集団的指導場面を活用した個に応じた指導を重視する知的障害教育においては，個々の子どもの学習課題を適切に設定することと，個々の学習課題を解決できるような集団で共通する活動題材（学習テーマ）を選定することが，授業づくりのカギになります。

　集団と個別の学習課題との関係性や個別の学習課題と学習集団に用いる教材との関係を調整する場合には，以下の5つが考えられます（米田，2023）。

　❶同一課題・同一教材での学習，❷同一課題・同一教材スモールステップでの学習（課題の細分化とワークシートの工夫などで授業を実施），❸同一課題・別教材での学習（例えば国語

で，修得すべき語彙は小学校3年生で学ぶ同じ語彙でも，子どもの理解や習熟の程度に応じて，教材としての「読み物」の内容・文章の難易度を変えたり，語彙を文で説明する，その語の正しい意味を選択肢から選ぶ，その語と類似した語を結ぶなどのように課題への反応の方法を変えたりして授業を実施），❹同一活動題材（学習テーマ）・別課題での学習（例えばどの子も関心をもって取り組める活動題材「カレーを作ろう」を設定し，A児はある・ないがわかることやジャガイモの皮がむけているところとむけていないところの弁別ができることを算数の課題として指導し，B児は5までの数を選び取ることを課題として指導し，C児は人数と材料の分量を踏まえた計算や計量を課題として指導するように実際的な活動を中心に据えて授業を実施），❺別活動題材（学習テーマ）・別課題での学習（個別の課題に応じた個別指導で授業を展開）。上記❷と❸は，生活年齢による標準的な学年で学習すべき課題の水準を変えない教育方法の変更です（Accommodation と呼ばれています）。❹と❺は，学習課題の水準と教育方法の両方の変更です（Modification と呼ばれています）。

　集団のダイナミクスを活用できる集団的指導場面（一斉授業）でのきめ細やかな個別的指導を大切にする場合には，❶〜❺のいずれの調整方法がとられるとよいでしょうか。生活年齢で期待される学習到達水準に比して学習に遅滞が見られ，かつ，個人差のある知的障害のある子どもに対しては，小学校等の各教科の内容を学習する場合にしろ，知的障害教育各教科の内容を学習する場合にしろ，❹の調整の方法，すなわち共通の活動題材を選定し，色々な学習段階の子どもを包摂するような集団的指導の授業を模索することが望ましいと考えられます。

　ところで，例えば，知的障害教育各教科の「国語」，小学部3段階（2）内容〔知識及び技能〕ア（ア）では，「身近な人との会話や読み聞かせを通して，言葉には物事の内容を表す働きがあることに気付く」（下線は筆者）とされています。このように，知的障害教育各教科の各段階の内容は，知的障害のある子どもの学習特性を踏まえて，子どもの日常生活に関連する場面や活動，行動と合わせて示されています。すなわち「○○○を通して……」の「○○○」こそが，集団的指導場面であり，授業の単元・題材であり，教材すなわち学習活動題材となります。

　本書で紹介しているゲーム的活動は，知的障害教育各教科の1段階，2段階，3段階（一部，2段階まで）の子どもが一緒に行うことができる学習活動題材の1つです。知的障害のある子どもの集団に「個別最適な学び」と「協働的な学び」を一体的に行うことができるゲーム的活動の授業は，知的障害教育の生活教育の理念と方法を継承するとともに，知的障害のある子どもの「主体的・対話的で深い学び」を実現する実践となるのではないでしょうか。

【引用文献】
・米田宏樹「知的障害教育の現状とその歴史」，佐藤克敏・武富博文・徳永豊編『知的障害教育の基本と実践』，慶應義塾大学出版会，2023年5頁.

2 知的障害教育における授業づくりのポイント

（米田　宏樹）

「知的障害のある子どもの教育的対応の基本」に沿った授業の実現

　「特別支援学校学習指導要領解説各教科等編（小学部・中学部）」（p.27）には，「知的障害のある児童生徒の教育的対応の基本」が，10か条で示されています。紙面の都合で，ここでは，その詳細は示しませんが，読者の皆さんは，必ず同解説をご確認ください。知的障害のある子どもの授業づくりに際しては，この教育的対応の基本に即した授業づくりとなっていることが重要です。

　知的障害教育では，子どもの実態把握から授業づくりを始めることが重要なポイントになります。子どもの知的障害の状態，生活年齢，学習状況や経験等を考慮して教育的ニーズを的確に把握します。学習状況の把握には，知的障害教育各教科の各段階の内容の記述が参考になります。そして，子どもの実態によって，育成を目指す資質・能力の3つの観点から指導内容や方法，目標及び評価規準を調整・見直ししていくことが大切になります。その際，指導内容のより一層の具体化を図るため，子どもにどんな力を身につけさせたいのかを，常に意識して単元や題材（子どもの行動が，生活に即したどのような場面のどのような活動でどのような支援のもとにどの程度できるのか）を考えます。なお，知的障害のある子どもの学習上の特性として，「学習によって得た知識や技能が断片的になりやすい」「実際の生活の場で応用されにくい」「実際的な生活経験が不足しがちである」こと等が挙げられます。そのため，実際的・具体的な内容の指導がより効果的になります。このような特性から，身につけさせたい力を各教科等に分けて指導するのではなく，子どもの生活に即し，各教科・領域等を分けずに，これらの一部または全部を合わせて指導を行う「各教科等を合わせた指導」の形態をとることが効果的な場合もあります。知的障害教育の授業づくりにおいては，学習活動題材と学習活動形態の選定・設定が重要なカギとなります。効果的な学習活動題材と学習活動形態の設定は，適切な学習評価場面の選定・設定にも繋がります。

🏫 単元ごとの学習評価規準と判断のための基準と評価機会の設定

　現在の学習指導要領では，学習過程を重視したカリキュラム・マネジメントの実現が求められています。このため，知的障害教育においても，学習指導要領に示す各教科の目標・内容に準拠した教科ごとの学習評価が求められています。学校は，学校の実態に即して教育内容を明確にするとともに，子どもが「指導内容」を学び，ねらいに到達した場合，「内容」のうち何ができるようになっているのかを具体的に示す各教科の学習評価規準の設定を行わなければなりません。担任の教師が個別に設定するのではなく，学校として卒業までに身に付けさせたい力を検討し，各学部・学年・コース等のそれぞれの集団全体で，各教科のいずれの段階の内容を到達目標に据えるのかを定めたうえで，学習評価規準を設定します。

　この作業がおろそかになったまま，担任の教師が個々の子どもの適切な学習評価を行うことは困難である点に留意してください。なお，具体的な学校ごとの学習評価規準の設定方法については，Web で入手可能な「特別支援学校小学部・中学部学習評価参考資料」（文部科学省，2020），を確認してください。

　各教科等の目標・内容をもとに授業をつくるとは，学校が設定した各教科等の１年間の到達目標と評価規準を踏まえて，単元・題材ごとの目標と評価規準を定めていくことを意味します。この際に，学習指導要領の目標・内容の語尾を変えることで評価規準は設定できますが，単元・題材ごとの評価規準には，どのような学習活動を通してその力が身についたのかを適切に明記する必要があります。評価規準は，各教科のある段階の内容を学習するすべての子どもの到達目標となるもので，学習集団に複数の段階の内容を学習する子どもが含まれる場合には，その段階ごとに設定することを考えます。評価規準の「もと」が学習指導要領の各教科の各段階の目標・内容によって示されていますので，子どもの集団の特徴に応じて活動題材を選定できれば，各教科各段階での評価規準の設定は比較的容易です。

　個に応じた評価基準すなわち判断のための基準は，ゴールである到達目標（評価規準）ができるようになるためのステップを細分化したものと捉えることができます。すなわち，指導と支援の方法を含んだ個別の学習目標です。子どもが，①何（行動）を，②どのような場面・条件・支援で，③どの程度遂行できるのかを，明記した短期目標の設定が，判断のための基準になるのです。ゴールに至るステップと支援の手立て（判断のための基準）が明確になることで，形成的評価もしやすくなり，指導と評価の一体化による授業改善に繋がります。

　生きて働く「知識及び技能」の育成にも不可欠な「思考力，判断力，表現力等」の学習場面の選定・設定では実際の生活に即した活動機会を確保することが重要です。評価機会の設定としては，身に付いた「知識及び技能」を活かした「思考・判断・表現」する力で，社会的場面に参加できていることが確認できるようにしたいです。本書で紹介しているゲーム的活動による単元の学習評価規準と判断のための基準の設定，評価機会の考え方を参考にしてください。

3 ゲーム的活動を通した 学習のポイント

（髙津　梓）

ゲーム的活動のよさ

　ゲーム的活動のよさは，複数の子どもが一度に参加でき，簡単なルールの繰り返しの中で見通しがもちやすい活動であることと，勝敗に偶然性を設けて実態に関係なく誰でも勝つことができるようにすることで，期待感や楽しみをもちながら活動できることです。

　本書で紹介するゲーム的活動は，全員が一律で同じ活動をするゲーム的な活動ではなく，集団で1つの活動をする中で，個々の子どもの実態によって，扱う教材や活動のタイミングを変えたり，「役割分担」という形で活動を設定したりしています。子どもごとに個別の指導計画の目標に合わせた活動を組み込みながら，勝敗や正解などゲームの到達点を同じにすることで，子ども同士が同じ目的をもって活動することができるのです。

　さらに，ペアやチームでの活動にすることで，1つの目的に向かって友達と取り組む中で，友達へのかかわりが促進されるという副次的な効果もあります。活動の流れの中に，子ども一人一人に合わせた役割活動を設定することで，その先に活動を進めるために他の子どもがその子どもの活動を期待して待ったり，援助や促しをしたりするというかかわりが生まれるのです。また，実態別の集団ではなく，学び方や学びの進度の多様な集団で活動を行うことにより，例えば，友達が学ぶ姿をモデルにしたり，自分の知っていることを友達に教えることで学びを深めたりするなど，同じ活動を通して段階の違う学習機会に触れることができます。

　学級集団における，このような友達とのやりとりを通した共同（協同）学習は，日常生活にそのまま繋がりやすく，友達との相互評価が学びへの意欲に繋がるといったよさがあります。そんな機会を設定しやすいのが，このゲーム的活動なのです。

　気をつけなければいけないことは，子どもが目的としている活動の到達点と，教師がねらっている学びの到達点が異なるというところです。例えば，「たまいれゲーム」では，子どもたちは「玉を多く入れて勝つ」ことを目標に活動しますが，教師は「玉入れのボールを数えることで，数量を学ぶ」ことをねらいとしています。最後の振り返りでは，「勝ってうれしい」「負けて悔しい」だけではなく，この活動の中で「〇〇さんはボールを10まで数えられましたね」「△△さんは，たし算をして得点を調べることができました！」と，この活動を通してできるようになったことを一人一人に伝えていきましょう。

実態の異なる集団でのゲーム的活動の設定

　本書では，特別支援学校学習指導要領における１段階，２段階，３段階（一部，２段階まで）の子どもが一緒に行うゲーム的活動を紹介しています。

　６ページ例では，活動で取り上げている学習指導要領の「内容」と設定した具体的な目標を「学習のねらい」に記載し，「ゲームと学習の流れ」でその目標と対応した学習機会及び評価機会を示しています。黒塗りされている部分は，役割分担などで，その段階の子どもの活動機会そのものがない場合であったり，実態により，まだ取り組まなくてもよいと考える部分です。また，数学が入っていない白地の部分は，評価機会ではないけれど，活動する機会があったり，参加してもよい場面となっています。同じ数字（活動の順序）内に２種類の活動が設定されている場合は，子どもの段階に応じてどちらかの活動を提示するようになっています。２ページ例では学習指導要領の「内容」を挙げ，対応した学習機会及び評価機会を〇で示しています。

　さらに，それぞれの機会について，５段階の評価基準を設けています（６ページ例は表の下部に記載。２ページ例も同様の基準を使用）。これは，「できた」「できない」ではなく，「どの支援を受けてできたか」で評価をするからです。また，この評価基準は子どもごとに行う段階的な支援の目安ともなっています。この評価をもとに，教材・教具や支援方法，目標の見直しを行い，子どもの育ちに繋げるための改善をしていきます。

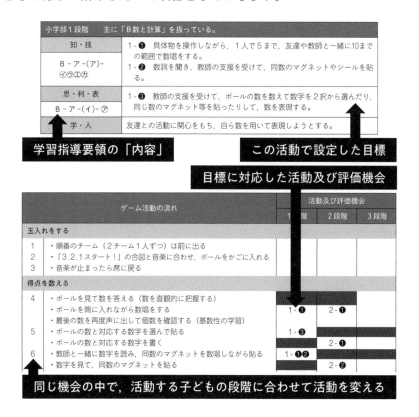

4 教材・教具の工夫

（高津　梓）

🏫 教材・教具は「わかるうれしさ」から「新しい世界を知る」ための手がかり

　知的障害教育では，教科書的な知識の教授だけでなく，子どもが実際のものに触れて，操作して，考え，表現する体験的な学びと生活文脈での学びを重視しています。教材・教具を工夫することで，子どもが主体的に活動に参加したり，教師や友達とやりとりをしたりするきっかけとなり，子どもの躓きの解消や新たなチャレンジに結びつくことが可能となると考えます。授業は，できないことをさせてテストをする場ではなく，できることをやっているうちに初めてのことが段々できてくる場でありたいと思っています。子どもたちが「知っている」「できる」ことをきっかけに，喜んで参加している中に，新しいことを少しずつ織り交ぜていきます。教材・教具と教師による段階的なサポートは，子どもが「できる」に手が届くためのステップ（踏み台）であり，教材・教具は，「知っている」から「新しい学び」への架け橋なのです。

　教材・教具の作成過程として，まずは授業の流れをイメージして必要な道具を考えます。授業の流れをどう伝えるか，子どもは何を使って学習するか，子ども同士のやりとりに必要なものは何かなどです。さらに，対象となる子どもの実態把握から，見やすさや操作のしやすさなどを考え，工夫を加えます。一緒に授業をする教師と事前に確認し合ったり，実際の授業での子どもの反応を見たりして，改善を重ねていきましょう。

　本書で紹介している「ゲーム的活動」は，繰り返し取り組むことで，学習を積み重ねていくことをねらいとしていますので，せっかく作成した教材・教材が一発物で終わることはありません。繰り返し活用し，子どもの反応から効果を確認して，より子どもに合ったものに改善していくことができます。周りの先生と共有しながら，何年も使っていってください。

🏫 見てわかる・触ってわかる教材・教具の工夫

❶ 基本は視覚支援

　子どもが主体的に授業に参加するためには，「いつ」「どこで」「誰と」「何を」「どのような手順で」「どれだけ」「いつまで」やるのか，「次に何があるのか（どんなよいことがあるのか）」などがわかって，それを実行できるための支援が必要です。教師の説明や言葉がけなど

の耳からの情報はその場ですぐに消えてしまうため，知的障害や発達障害のある子どもにとっては手がかりにしにくいうえに，一人一人に合わせてそのつど何度も伝えていると，教師も子どもも疲れてしまうのではないでしょうか。

　子どもが一目見て理解でき，何度でも参照できる視覚的な手がかりは教材・教具の基本です。以前は教師が手書きをしたり，印刷をしたりした絵カードを提示していましたが，今は多くの学校が「モニター」やPC，タブレット機器を持っています。本書では，スライドによる授業の視覚支援例が多く出てきますが，スライド教材のメリットとしては，印刷やラミネートなどの手間がいらないこと，保存しておけば何度でも使え，簡単に改善ができることなどがあります。

　本書で紹介している活動では，スライド教材（右図はp.86の「まとあてゲーム」の例）を使って授業の初めに「授業の目標」「活動」「手順」の順で示し，子どもにその授業でやることの見通しを伝えた後，「今やること」「誰とやるか」を具体的に示していきます。最後は振り返りで目標を表示し，この活動で何ができるようになったのかを一人一人のエピソードを交えて確認します。どの授業でもこの流れを基本とし，題材や学びの内容が変わっても同じフォーマットで活動を提供することで，新規の活動に苦手さをもつ子どもにとっても，見通しがもちやすい授業を構築することができるメリットがあります。

　もちろん，個々の子どもに合ったカスタマイズは必要ですが，子どもはどこを見れば情報が得られるのかを次第に理解できるようになり，さらに，教師による言語指示が必要最低限となるため，子どもが一人でできることが増えていきます。

　そして，何よりもこの教材は教師自身の手がかりになります。どんな手順で何を行うか，どの子どもにどんな学習機会を提供するかを組み込んでおくことで，一貫した手続きで学習が行え，子どもとともに見通しをもって活動に臨めます。

❷ 具体的な物を介した学びの機会

　ICT機器によるデジタル化で，すぐに調べられる，目の前

タイトル画面からスタート

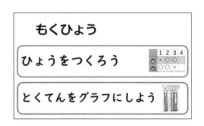

ゲームのルールと勝敗について
簡単に説明する

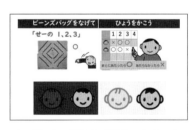

今，「何を」「誰が」「誰と」行うのか
を表示する

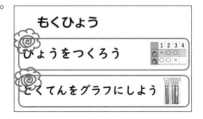

最後にこの活動で何ができるように
なったのかを振り返る

にないものや場所のことを知ることができる，といった多くのメリットがありますが，知的障害教育では実際のものを見て，触れて，操作して，五感で感じる体験をとても大切にしています。

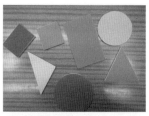

　例として，「かたちさがしだいさくせん！」(p.68) では，フラフープや図形片など，体を動かし実際の物にたくさん触れることから形の学習が始まります。また，「たまいれゲーム」(p.62) では，具体物であるボールを筒状のツールに入れる具体物の操作を通して，数と具体物の関係を学びます。さらに，具体物を渡したり受け取ったりする共同（協同）学習の活動が，友達とのやりとりの学びに繋がります。

　プリント教材や読み書きに関する教材については，子どもに合わせて ICT 機器を活用することが必要ですが，それでもすべてをデジタル化するのではなく，あえてアナログな「物」を使用することに意義があるのではないかと考えています。

　現在は市販の教材だけでなく，100円ショップなどで安価で素材が手に入ります。また，教材づくりに関する書籍も多数発行されていますので，それをまねながら，目の前にいる子どもたちが操作しやすく関心をもちやすい教材・教具を用意していってください。

🏫 ゲームに使う教材・教具の素材アイデア

　本書に出てくる教材・教具に，共通して使用している素材を，一部紹介します。
「片面マット加工のラミネートシート」
　ラミネートの反射によって見え辛さが生じたり，まぶしく感じる子どももいたりしますが，つや消し加工はそれを防いでくれます。
「静電気の力で貼れるホワイトボードシート」
　簡単にホワイトボードに貼れ，ゲームの表を油性ペンで書いておくことで，得点だけを書いたり消したり何度でも使えます。
「発泡スチロール製の厚みのあるパネル（片面のりつき）」
　カードに厚みをもたせることで，子どもが手に取りやすく，負担なく操作できます。
「ドロップス（Drops: The Dynamic and Resizable Open Picture Symbols）」
（ドロップレット・プロジェクト：https://droptalk.net/）
　シンプルでわかりやすいデザインで，様々な場面で活用できるシンボルライブラリです。多くの特別支援学校で活用され，特別支援教育の共通言語となっています。

第2章

ゲームでつくる
特別支援教育の授業
活動レシピ

国語

算数

各教科等を合わせた指導

1 これなぁに？
みのまわりのことばかるた

 対象　小学部1段階・2段階・3段階
（小学校1，2年）

（髙津　梓）

 ゲームの概要

　食べ物や動物，文房具などの，身近な単語や興味関心のあるものの名前を用いたかるたゲームです。一人一人に目標に合わせたカードを配付し，モニターに文字，音声，絵を段階的に表示させ，わかったところでカードを取るように設定することで，子どもが「できた」という達成感を味わえるよう設定しています。子どもの段階に合わせて，いろいろな言葉に触れたり，文字を読んだり，身近なものや見聞きしたものを言葉で表現したりすることに併せて，身近な単語をきっかけに知っていることを表現したり感じたこと伝え合うことをねらいました。

 学習のねらい

小学部1段階	
知・技 ア-(イ)	1-❶　身近なもの（野菜，果物，動物，文房具）の絵を見て友達や教師が読む音を聞き，模倣したり，手拍子で表現したりする。
思・判・表 C-ア，イ	1-❷　身近なものの絵に注目し，指さしなどで表現する。 1-❸　身近なものの絵を見て，同じ絵を手に取ったり並べたりする。
学・人	身振り手振りや発声で言葉を伝えようとする。

小学部2段階	
知・技 ア-(イ)(ウ)	2-❶　身近なもの（野菜，果物，動物，文房具）の単語を見たり聞いたりして，対応する文字や絵を選んだりする。 2-❷　友達や教師の言葉を聞いて，ものの名前や動詞，形容詞などを言ったり動作で表現したりする。
思・判・表 A-ア	2-❸　友達や教師の表現を聞き，知っていることや体験したこと，気づいたことを表現しようとする。
学・人	身の回りの事物や事象に関する言葉について，見聞きした言葉を真似しながら自分なりに表現をしたり，人に伝えたりしようとする。

小学部3段階	
知・技 ア −(ア)（ウ） ウ −(イ)	3-❶　身近なもの（野菜，果物，動物，文房具）を表す形容詞（色，形など）や動詞を選択肢から選ぶ。 3-❷　長音や促音が含まれた語句を正しく発音する。 3-❸　平仮名，片仮名，小学部2段階の漢字を正しく読む。 3-❹　身近なものの単語を見たり友達や教師の話を聞いたりして，自分の知っていることを文章で伝える。
思・判・表 B −ウ	3-❺　身近なものの単語を見て，連想される形容詞や動詞を入れた2語文以上の文章を書く。
学・人	友達や教師の話を聞いて感じたことを表現したり，自分のイメージや経験を言葉にして伝えようとしたりする。

📖 教材・教具

● かるたスライド（Microsoft PowerPoint）　●提示用モニター（タッチパネル推奨）

● かるたカード（絵＋文字，文字，形容詞等：各ジャンル9枚）　●カード並べ用ボード

きゅうり	たまねぎ	にんじん
なす	とまと	だいこん
ぴーまん	おくら	とうもろこし

きゅうり	たまねぎ	にんじん
なす	とまと	だいこん
ぴーまん	おくら	とうもろこし

きゅうり	たまねぎ	にんじん
なす	とまと	だいこん
ぴーまん	おくら	とうもろこし

きゅうり	たまねぎ	にんじん
なす	とまと	だいこん
ぴーまん	おくら	とうもろこし

緑色 （みどり）	茶色	オレンジ色
むらさき色	赤	白
丸い	長い	黄色
おいしい	あまい	苦い （にが）

みどりいろ	ちゃいろ	おれんじいろ
むらさきいろ	あか	しろ
まるい	ながい	きいろ
おいしい	あまい	にがい

● 丸シール（5mm　2色）

● 文章作りシート

国語

算数

各教科等を合わせた指導

【かるたスライドの構成】

［ジャンル選択スライド］
①問題ジャンルを選ぶ

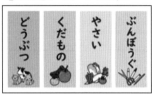

②絵を見て単語を答える
（クリックしたら文字が出るようにアニメーション設定）

▲9単語繰り返す

［単語選択スライド］
③問題を選ぶ

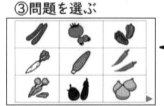

④手元のカードを選ぶ

これはなに？

きゅうり

⑤答え合わせをする

▲9単語繰り返す

2 「挿入」から「動作」を選択

3 ハイパーリンクで「スライド」を選択

1 画像を選択

4 移動させたいスライドを選択

挿入→動作→ジャンル選択スライド

挿入→動作→次のスライド

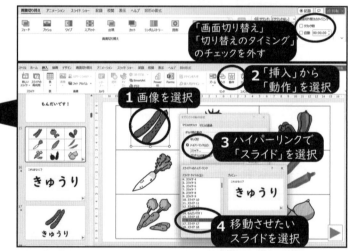

「画面切り替え」「切り替えのタイミング」のチェックを外す

2 「挿入」から「動作」を選択

1 画像を選択

3 ハイパーリンクで「スライド」を選択

4 移動させたいスライドを選択

アニメーション → 開始 バウンド

挿入→動作→単語選択スライド

ゲームと学習の流れ

活動の流れ		活動及び評価機会		
		1段階	2段階	3段階
絵を見て単語を答える				
1	・モニターに表示された絵を見る	1-❷		
2	・単語を答える		2-❷	
3	・教師の言葉に合わせて声を出したり手拍子をしたりする	1-❶		
かるたの準備				
4	・カードとボードを取りに行く			
5	・ボードにある絵と対応するカード（絵）を並べる	1-❸		
	並べたカードの単語を教師から聞いて，声を出す	1-❶		
	・ボードにある文字と対応するカードを並べる		2-❶	3-❸
かるたゲーム　※6〜13を繰り返す（9回）				
6	・（出題係）選択肢から好きな絵を選んで問題スライドを表示する 「これは何でしょう？」 ※以下，子どもの目標に応じて反応を促しながら段階的に提示していく	1-❷		
7	文字を表示　・対応する文字（形容詞・動詞）カードを選ぶ			3-❶
	・対応する文字（単語）カードを選ぶ		2-❶	
	単語を言う　・対応する文字（単語）カードを選ぶ		2-❶	
	・対応する絵＋文字カードを選ぶ	1-❸		
	個別に言葉　・対応する絵＋文字カードを選ぶ	1-❸		
	かけ　　　　　（自発しない場合，教師が指さし等で段階的に支援）			
	・選んだカードの単語を教師から再度聞いて声を出す	1-❶		
8	・（出題係）答えスライドをモニターに表示して発表する	1-❷		
9	・正解シールをもらう			
10	・選んだカードを参考に，文章を作って文章作りシートに書く 「(単語)は・が（形容詞・動詞）。」			3-❹❺
11	・文章を発表する			3-❷❸
12	・友達が発表した文章に対して反応（同意，拍手，コメント等）する		2-❸	
13	・思いついたことを発表する		2-❸	3-❹
振り返り				
14	・モニターに表示された絵を見て単語を答える		2-❷	
15	・教師の言葉に合わせて声を出したり手拍子をしたりする	1-❶		
16	・発表された文章の一部を読んだり聞いたりする			
17	・自分の感想や友達の活躍，次回がんばりたいことを発表する		2-❸	

表内の目標に対応する活動で見られた姿について，以下の基準で評価をしました。

評価レベル	観察された姿
1	・行おうとしない　　　・機会なし
2	・身体ガイダンス等を受けて教師と一緒に行う
3	・教師のモデルを模倣して行う
4	・教師の促し（問いかけやジェスチャーなど）を受けて行う
5	・自発的に取り組む　　　・自発的に答える

国語　算数　各教科等を合わせた指導

📖 指導のポイント

【ゲームの要所：絵を見て単語を答える】

　最初に，かるたをするジャンルを決めましょう。回数を
重ねてきたら，子どもと相談して決めるのもよいです。

　ゲームに入る前の導入として，かるたに出てくる９つの
単語について，スライドを進めながらテンポよく確認をし
ます。絵を表示して「これは何？」「これは？」と尋ね，
子どもの答えやジェスチャーによる表現を促します。次に，
文字を表示してそれを指さしながら子どもと一緒に読み，
再度手拍子でリズムを取りながら単語を言います。さらに，言語の表出が難しい子どもにゆっ
くりと単語を伝え，模倣や発声を促したら，次の単語に進みます。９種類の単語について，子
どもがそれぞれの目標に応じて表出できるよう支援します。

【ゲームの要所：かるたの準備】

　かるたの準備は，単語と単語のマッチングの学習の機会としています。１段階の子どもには
絵と文字が書かれたカード，２段階の子どもには平仮名のカード（子どもの実態によって，絵
と文字のカードを半分混ぜることも検討します），３段階の子どもには形容詞等のカードを用
意します。子どもごとの目標に応じたかるたカードとカード並べ用ボードを渡して，対応する
箇所に置いて並べるように促します。

　このとき，１段階の子どもに対しては，教師が単語を言いながら
カードを渡し，迷っている素振りが見られたら，①正しい位置の周
辺をぐるりと指でさす，②正しい位置を指でさすという段階的な支
援を行い，「そうだね，○○ですね」と正しく置けたことを称賛し
ます。３段階の子どもについては，かるたカードは漢字や片仮名，
ボードは平仮名で表示し，読み方を確認しながら取り組むようにし
ます。

【ゲームの要所：かるた取り】

　かるたゲームのメインとなる「かるた取り」は，子どもにとって必ず「カードが取れた」と
いう状況になり，教師にとってはどの段階で取れたか評価ができるように，問題提示や支援を
テンポよく段階的に行います。

　最初に，教師または出題役の子どもが文字のみの問題スライドを表示し，「これは何でしょ
う？」とカードを取るよう促します。このとき，２段階の子どもは手元の文字カードを正しく

選べたか，３段階の子どもは形容詞や動詞などから適当な
ものを選べたかがポイントになります。次に，教師が単語
名を声に出して全体に伝えます。文字のみの提示で悩んで
いた子どもや，単語と絵のマッチングができつつある１段
階の子どもは，ここでカードを取れるようにします。

　ここまででまだカードが取れていない子どもに対しては，
個別に「○○です」と再度伝え，①正しい位置の周辺をぐ
るりと指でさす，②正しい位置を指でさすという段階的な
支援を行い，カードが取れたところで称賛をします。誤っ
たカードを選んでいた場合は，自分で選べたことを称賛し，
「もう一度確認しましょう」とカードを元の位置に置いて，
上記の手続きで正しいカードが取れるよう支援をします。

　答え合わせでは，全員に対して正しくカードが取れたこ
とを称賛し，カードに丸シールを貼ります。シールの色を，支援なしで取れた場合には赤，支
援ありで取れた場合には青と教師間で決めて貼ることで，授業後に子どもの達成度の確認をし
たり，次回実施時に子どもの支援の目安にしたりすることができます。

【ゲームの要所：文章作り】

　３段階の子どもには，文章作りシートを使って文章を書くよう促し，答え合わせ後に発表す
る機会を設けます。文章に使う単語は，もちろん選択肢から選ばずに自分で考えてもよいです。
子どもが発表した文章を，他の子どもにもイメージできるようにジェスチャーを交えてゆっく
りと繰り返して伝えたり，どう思うか問いかけたり，教師が作った文を披露したりしましょう。

　繰り返していくうちに，「おくらはかつお節と醤油をかけ
て食べるとおいしい」「とうもろこしはお祭りでは焼いて食
べる」など，子どもの生活経験から様々な表現が飛び出して
きたり，それを聞いた子どもが，「わたしは……」と話し出
したりします。発語のない子どもにも「○○さんはこう言っ
ていたけれど，どっちが好き？」などと尋ねることで，共通
の話題を楽しむことができます。

　最後に振り返りの感想発表を行う際も，「カードが取れた
（取れなかった）」という感想だけでなく，「○○さんのこの
話がおもしろかった」など，幅の広い表現が生まれてくると
ころが，段階の異なる集団で学習するよさだと考えます。

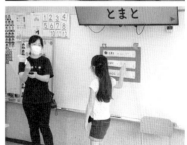

国語

算数

各教科等を合わせた指導

2 ３ヒントかるた

 対象　小学部１段階・２段階・３段階
（小学校１，２年）

（髙津　梓）

ゲームの概要

　身の回りのものや公共施設，公共交通機関などについてのかるたゲームです。PowerPoint 等を使って，①３つのヒント，②文字，③絵と文字を段階的に提示させ，わかったところでカードを取るようにすることで，子どもが必ず遂行できて「できた」と感じられるよう設定しています。また，段階の異なる子ども同士が一緒に学習をすることで，子どもごとの段階に応じた学習機会を設定しつつも，活動の中でさらに上の課題にも挑戦できるようになっています。

　併せて，３段階相当の子どもが友達に伝わりやすく読むことを心がけたり，１・２段階相当の子どもがそのものを表現する言葉に触れ，友達や教師の話す言葉や絵に関心をもったり，知っている言葉とのつながりから語彙や表現を増やしたりする機会となることをねらっています。

　宿泊学習などの行事や生活科のまち探検などと関連させて，実際のものに触れたり体験したりする機会をつくりながら学習を進めていくようにしましょう。

学習のねらい

小学部１段階	
知・技 ア－(イ)	1-❶　絵を見て友達や教師が読む音を聞き，模倣したり動作で表現したりする。
思・判・表 Ａ－イ Ｃ－ア，イ	1-❷　教師の話を聞いて，カードを見たり模倣や指さし等で表現したりする。 1-❸　絵を見て，知っているものや関心のあるものを手に取ろうとする。 1-❹　絵や写真の名前を聞いて，対象の絵を手に取ろうとする。
学・人	身振り手振りや発声で言葉を伝えようとする。

小学部 2 段階	
知・技	2-❶ 単語（文字）を見たり聞いたりして，対応する文字や絵を選ぶ。
ア-(イ)(ウ)	2-❷ 説明文や単語を聞いて，そこにあった言葉を繰り返そうとする。
思・判・表	2-❸ 説明文を聞き，知っていることや気づいたことを話したり，カード
A-ア	を探そうとしたりする。
学・人	身の回りの事物や事象に関する言葉について，見聞きした言葉を真似しながら自分なりに表現をしたり，人に伝えたりしようとする。

小学部 3 段階	
知・技	3-❶ 身の回りのものを表す説明文を読み，対応するカードを探そうとする。
	3-❷ 長音や促音が含まれた語句を正しく発音する。
ア-(ア)(ウ)	3-❸ 平仮名，片仮名，小学部 2 段階の漢字を正しく読む。
イ-(ア)	3-❹ 自分の知っている単語について説明しようとする。
思・判・表	3-❺ 説明文を読んで，何について書かれているかを把握し，カードを取
C-イ	る。
学・人	友達や教師の話を聞いて感じたことを表現したり，自分のイメージや経験を言葉にして伝えようとしたりする。

📖 教材・教具

●3ヒントかるたスライド　　●提示用モニター

●かるたカード（絵＋文字）　　●カード並べ用机　　●ポイントマグネット

国語

算数

各教科等を合わせた指導

【3ヒントかるたの例】

　1枚目の3ヒント（3つの文章）は，アニメーション機能を使って，1文ずつ出せるように設定します（1文ずつ背景の色を変えて見やすくします）。2枚目は文字だけ，3枚目は文字と絵を表示します。この3枚目を印刷してラミネートしたものが，子どもの手元にある「かるたカード」です。

　特に「食べ物」は子どもの関心が強く身近な素材ですが，1つ目のヒントは「え？　何それ？」と思うようなものにするのも，子どもの関心が広がっておもしろいかもしれません。なじみのある絵本のフレーズを使うのもよいですね。

インドや イギリスで 生まれた 料理です。 野菜や お肉を おなべで ぐつぐつ にこみます。 茶色い ルーが 入っています。 **これはなんでしょう？**	かれー カレー

かれー
カレー

乗り物です。 せんろの 上を 走ります。 駅に 止まって， 人を 乗せたり おろしたりします。 **これはなんでしょう？**	でんしゃ

でんしゃ

ごはんを 食べた 後に 使います。 一人ずつ 自分の ものを 持っています。 歯を みがいて きれいにします。 **これはなんでしょう？**	はぶらし はブラシ

はぶらし
はブラシ

水が たくさん あります。 ガラスや プラスチックで できた とうめいな すいそうが あります。 魚や 海の 生き物が たくさんいます。 **これはなんでしょう？**	すいぞくかん

すいぞくかん

ゲームと学習の流れ

活動の流れ	活動及び評価機会		
	1 段階	2 段階	3 段階
絵を見て単語を答える			
1 ・2人ずつ前に出る			
2 ・並べてある絵カードを見る			
3 ・知っているものや関心のある絵カードに注目したり，手に取ろうとしたりする	1-❸		
カード取り ※段階的に提示し，わかったところで回答するように促す			
4 ・モニターに1文ずつ表示される説明文を読む			3-❷❸
・答えがわかったところでカードを手に取る			3-❶❺
（次の説明文を聞いてカードを取り直す）			
・説明文を聞いて，言葉を繰り返したり，カードを見たりする		2-❷❸	
5 ・モニターに表示される文字を読む		2-❷	
・対応するカードを手に取る		2-❶	
・教師が読み上げる単語を聞く	1-❶		
6 ・モニターに表示される絵を見る	1-❷		
・対応するカードを手に取る	1-❹		
（自発しない場合，教師が指さし等で段階的に支援する）			
7 ・取ったカードをホワイトボードに貼る			
8 ・カードを見て「○○です」と言う		2-❶	3-❷
・教師の言葉を模倣して「○○です」と言う	1-❶		
9 ・「いいですか？」と聞く			
10 ・モニターに映る正解スライドを確認し，「いいです」と答える			
11 ・正解したら，ポイントをもらう			
（全員が正解するよう答え合わせ前に支援する）			
※30問程度繰り返す			
振り返り			
12 ・取ったカードを順番に見ながら，名前を言う（全体）『これは？』		2-❶	
13 ・教師の言う単語を模倣する（1段階の子どもに再度確認）『○○』	1-❶		
14 ・そのものの説明をする（3段階の子ども）『これはどんなものでしたか？』			3-❹
15 ・教師の説明や目標の評価，できるようになったことを聞く			
16 ・自分の感想や友達の活躍，次回がんばりたいことを発表する			

表内の目標に対応する活動で見られた姿について，以下の基準で評価をしました。

評価レベル	観察された姿
1	・行おうとしない　　・機会なし
2	・身体ガイダンス等を受けて教師と一緒に行う
3	・教師のモデルを模倣して行う
4	・教師の促し（問いかけやジェスチャーなど）を受けて行う
5	・自発的に取り組む　　・自発的に答える

国語

算数

各教科等を合わせた指導

指導のポイント

【ゲームの要所：多くの言葉に触れる繰り返しの取り組み】

6人学級で2人ずつ前に出た場合，カードの数を24枚とすると，1人あたりの「かるたとり」の機会数は8回です。1単位時間（1セット）だけの活動だと，どの子どもも問題をすべて答えたことにはなっていませんので，少なくとも6単位時間（6セット）は実施しましょう（せっかく作ったスライドももったいないです）。

1時間目はABC，次の時間はBCA，次はCABと，子どもが前に出る順番を1ペアずつずらしていくと，3時間目にはすべての問題に回答したことになります。さらにもう一周すると，1回目に取り組んだときとの変化を見ることができます。子どもも，活動の流れに見通しをもって活動でき，だんだんと「これ知っている！」「（友達が答えている）これ，この間私が答えた問題だ」と，自分の知識を広げて深めていく機会となるでしょう。

【ゲームの要所：5ヒント以内にカードを選べばOK】

このゲームは速さを競うゲームではないので，ゆっくり自分のペースでカードを選ぶように伝えます。そのため，前に出る2人の子どもは，なるべく実態が近い子ども同士を選びます。3つの説明文は，3段階相当の子どもに読むように促し，席で見ている子どもも一緒に考えるようにしましょう。でも，「答えは内緒だよ」と人差し指を立てた「静かにサイン」でルールを共有しておきます。

3つのヒントを読んでカードを選ぶ

4つ目のヒント（文字）で確認　　　　　5つ目のヒント（文字・絵）で再確認

MT（メインティーチャー）は，子どもの様子を見つつ，「３ヒント」スライドの後に「文字」「文字と絵」スライドを段階的に提示していき，どこの段階で子どもが気づいたか，カードを取れたかを確認し評価していきます。このとき，スライドを完全に提示するのではなく，一瞬チラッと見せるというヒントを出すこともできます（スライド表示のいいところです）。後ろで見ている友達から「あっ見えた！」と声が上がることで，友達同士のやりとりも生まれるかもしれません。

　また，２人の子どもの近くで教師がさりげなく見守りをし，子どもが正しいカードを選べるよう，評価の基準に沿った段階的な支援をします。カードを取る仕草をしたり，単語を再度伝えたり，カードの近くを「この辺かな」とぐるりと指さして伝えたり，カードそのものを指さしたりすることで，子どもが選ぶことを促します。間違ったカードを選んでいる場合は，「まだ間に合うよ」と，もう一度ヒントを読むことを促したりキーとなる単語を取り出して伝えたりして，子どもが自分で気づけるようにしましょう。また，子どもの視野の範囲や見え方に応じて，あらかじめカードを少なく設定すること（カード置き場に２つの机を繋げて使うようにし，その子どものときだけ机を離して１つにするなど）も考えましょう。

　３段階相当の子どもは３つの説明文で，２段階相当の子どもは平仮名の単語で，１段階相当の子どもは絵を見て教師の言葉を聞きながらカードを選ぶことができるかが，評価のポイントになります。けれども，慎重な子どもは，確実にわかるまで次のヒントを待つこともあるかも

しれません（前ページ写真）。また，一度選んだものを，ヒントをもとに選びなおす子どももいます。近くにいる教師は，そのような姿もポジティブなものとしてエピソードを記録し，評価に加えます。また，子どもがカードを選べたときや答え合わせで○をもらったときに「文字を見て選べたね」「よく聞いて選びなおせたね」など，すてきだった姿を詳しく伝えて称賛していきましょう。

【ゲームの要所：想定よりもできることがあります】

　実態の異なる集団での学びでは，友達の姿をモデルにしながら，教師が想定していた目標を超えた姿を見せてくれることが多くあります。子どもにとっても，教師にとってもうれしい瞬間です。一緒にしっかり喜んで，連絡帳に書いておうちの人にも伝えましょう。「まぐれじゃないですか？」と言われるかもしれませんが，偶然だって大きな一歩です。

国語

算数

各教科等を合わせた指導

国語

3 めくってミッション

 対象 小学部1段階・2段階・3段階
（小学校1，2年）

（髙津 梓）

ゲームの概要

　カードをめくって，書かれたミッションを読み，ものを取りに行ったり動作をしたりするゲームです。子どもがペアで活動することで，誘い合ったり依頼をしたり，友達の言葉に応じたりといった，やりとりの機会を設けています。

　また，初回に教師が作った見本のカードを使ってゲームをした後，ゲームのカードを自分たちで作る学習を組み込みます。カード作りとゲームを交互に行うことで，自分たちで作ったゲームを楽しみながら，友達や教師の表現に触れ，表現の幅を広げていくことをねらっています。作って遊んで，交互に繰り返し取り組むのがおすすめです。

　また，シンボルやマークの学習と生活科のまち探検などを関連させて，既存の知識や体験と絡めながら取り組むことで，身の周りの表示や看板，事物との繋がりがもちやすくなります。これまでに読んだ物語なども絡めると，表現に幅が出てきます。本稿の例は，これまでの国語で学習してきたものを踏まえて，3学期のまとめ学習として実施したものです。

学習のねらい

小学部1段階		
知・技	1-❶	友達からの話しかけに応じる。
ア-(ア)(イ) イ-(ウ)㋐㋑	1-❷	絵を見て友達や教師が読む音を聞き，模倣や動作で表現する。
	1-❸	鉛筆やサインペンを正しく持って，線を書く。
思・判・表	1-❹	友達の話を聞いて，カードを見たり模倣や指さし等で表現したりする。
A-イ，ウ B-イ C-イ，ウ	1-❺	写真や絵から好きなものを選び，指さしや身振で表現する。（作成）
	1-❻	文字を書こうとしたり，なぞろうとしたりする。（作成）
	1-❼	絵や写真の名前を聞いて，対象のものを手に取ろうとする。
	1-❽	教師や友達を模倣しながら，絵や写真，記号などに応じた動作をする。
学・人	身振り手振りや発声で言葉を伝えようとする。	

小学部 2 段階	
知・技 ア -(ア) (イ) (ウ) イ -(ウ) ㋐㋑	2-❶ 簡単な言葉で友達に依頼をしたり，友達の依頼に応じたりする。 2-❷ 食べ物や動物，乗り物などの単語の平仮名を読む。 2-❸ ものの名前や動作を表す言葉などを聞いて，自分で表現しようとする。 2-❹ 鉛筆やサインペンを正しく持って，なぞり書きや視写をする。
思・判・表 A - イ B - ア，イ	2-❺ 簡単な指示（3〜4語程度）や説明に応じて行動する。 2-❻ 写真や絵を見て，思いついたことを言葉で表現する。（作成） 2-❼ ものの名前の文字（平仮名）をなぞったり見て書いたりする。（作成）
学・人	身の回りの事物や事象に関する言葉について，見聞きした言葉を真似しながら自分なりに表現をしたり，人に伝えたりしようとする。

小学部 3 段階	
知・技 ア -(ア) (ウ) (エ) ウ -(ウ) ㋐㋑	3-❶ 文章を読んで，動作をしようとしたり，友達に依頼したりする。 3-❷ 長音や促音が含まれた語句を正しく発音する。 3-❸ 語句のまとまりに気づき，上位語を見て下位語を選択したり，下位語を見て上位語を用いたりする。（カード選び，カード作成） 3-❹ 鉛筆を使って，正しい姿勢でマスに合わせて文字を書く。
思・判・表 A - オ B - ウ，エ C - ウ	3-❺ 友達が応じられる程度の声の大きさや明瞭さで依頼を伝える。 3-❻ 写真や絵を手がかりに，動作の含まれる短い文を書く。 3-❼ 長音や促音，拗音，撥音，助詞の使い方を見直し，正しく書き直す。 3-❽ 文や語句を読み，それが表すものを選んだり行動したりする。
学・人	友達や教師の話を聞いて感じたことを表現したり，自分のイメージや経験を言葉にして伝えようとしたりする。

 教材・教具

［ゲーム］●スライド・モニター　　●ミッションカード（文字カード，絵・写真カード）

　　　　　　●かるたカード

［作　成］●ミッションカード台紙　　●のり　　●筆記用具

　　　　　　●マークや絵，写真などの素材カード

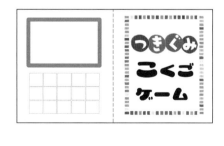

国語

算数

各教科等を合わせた指導

ゲーム活動の流れ		活動及び評価機会		
		1段階	2段階	3段階
絵を見て単語を答える				
1	・誘い合って2人ずつ前に出る（Ⓐ：1・2段階相当，Ⓑ：2・3段階相当）			
2	・Ⓐ ミッションカードを1枚選んで取る			
3	・Ⓐ ペアの友達Ⓑに渡して依頼する「お願いします」		2-❶	
4	・Ⓑ カードを受け取って文を読む（2段階の子どもは単語の拾い読み）		2-❷	3-❶❷
5	・友達が読み上げる文を聞き，カードを見る	1-❹		
文字カード（かるたカードを取ってくる指示）の場合				
6	・Ⓑ「○○を取ってきてください」とⒶに依頼する 横で「○○，だよ」と繰り返して伝える		2-❶	3-❸ 3-❶❺
7	・Ⓐ かるたカードを取りに行く	1-❶	2-❶	
8	・Ⓐ かるたカードを取って持ってくる	1-❼		
9	・カードの単語を言う		2-❷	
	・友達や教師の言葉を模倣してカードの単語を言う	1-❷		
絵・写真カード（動作等をする指示）の場合				
10	・見ている子どもが「3.2.1.スタート！」の合図をする			
11	・指示された動作や演技をする		2-❸❺	3-❶❽
	・教師の支援を受けて，動作や演技をする	1-❽		
共通				
12	・見ている友達に「いいですか？」と尋ねる			
13	・見ている子どもは，よいと思ったら「いいです」と答える			
14	・見ていて思ったことをコメントする			3-❺
15	・教師からよかったところを聞きながら，ポイントをもらう ※時間いっぱい繰り返す			

カード作成の流れ		活動及び評価機会		
		1段階	2段階	3段階
1	・ペアで机を合わせる			
2	・Ⓑ「カードを持ってきてください」とⒶに依頼する	1-❶	2-❶	3-❺❽
3	・Ⓐ 好きな素材カードを1枚選んで持ってくる	1-❺		
	・Ⓐ Ⓑに指定されたカードを選んで持ってくる	1-❼	2-❶	
4	・持ってきたカードに関する単語や思いついたことを言う （1段階の子どもは，模倣をして言ったり動作をしたりする）	1-❷❹	2-❻	
5	・Ⓐ ミッションカード台紙に素材カードを貼る			
6	・素材カードの上位語を入れた文章を作る			3-❸
	・素材カードに関する動きを言葉にして文章を作る			3-❻
7	・ミッションカード台紙に3〜4語程度の文を書く			3-❹❻
	・教師と文字や助詞を見直して，必要な場合は修正する			3-❼
	・文章の中の一部の単語をなぞり書きする（1段階の子どもは教師と）	1-❸❻	2-❹❼	
8	・カードに書いた文を読む（2段階の子どもは単語の拾い読み）		2-❷	3-❷
9	・読み上げた文で指示されている動作をする ※時間いっぱい繰り返す	1-❷	2-❸❺	3-❶❽
10	・できたカードを発表する			

📖 指導のポイント

【ゲームの要所：友達とやりとりをする必然性をつくる】

　1人ずつ順番にカードをめくって答えていく活動もとても盛り上がり，目標の一部をねらうことができますので，まずはそこから取り組むのもよいです。さらに，ここではもう一工夫し，実態の異なる子どもをペアにし，「カードに書かれたミッションに答える」という共有の目的を達成するための役割分担と，やりとりの機会を設けましょう。

　顔写真の入ったスライドを提示し，「次は〇チームお願いします」と呼びかけ，誘い合って前に出るよう促します。役割分担をすることにより，目的を達成するためには，自分だけではなく友達の役割遂行が必要になります。そこで友達に注目して活動を待ったり，必要に応じて促したりといった援助行動が生まれます。

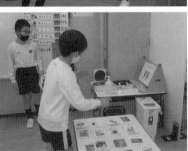

　ただ，それだけでは偶発的なやりとりが生まれるのを期待することになってしまいますので，さらに，「ミッションカードを選んで渡す」「カードを読み上げて依頼をする」などの，ペアとの必然性のあるやりとり機会を間に入れます。相手に向けて伝わるように言葉をかけることや，相手が自分に向けて伝えていることに気づき，それに応じるといった学習の機会です。伝わりやすい言葉の表現のモデル提示や，相手の言葉への気づきを促すための支援を行いながら，教師が徐々にフェイドアウトしていくことで，子どもたちだけでやりとりをしながら進めていくことができるようになっていきます。

　最初は定型文でのやりとりから始まりますが，「こう言ったらいい」のモデルがあることで，子どもは安心してやりとりすることができ，そこから友達や教師をモデルにしながら言葉や表現のバリエーションを増やして，自然なやりとりに繋がっていくと考えます。

　最後は見ている友達と「いいですか？」「いいです！」と，大きな○のジェスチャーでコール＆レスポンスのやりとりを笑顔で贈り合いましょう。

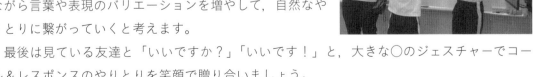

【ゲームの要所：めくって指示に応える】

このゲームは「かるたゲーム」の要素と「ジェスチャーゲーム」の要素が混ざっています。

「あ」などの平仮名が大きく貼られたミッションカードには，「『あ』のつく　たべものをもってくる」というカード取りの指示が書いてあります。3段階相当の子どもは指示を大きく読み上げた後，上位語（食べ物，動物，乗り物など）の下位語から，該当するものを考えて，「アイスを持ってきてください」とペアの子どもに伝えます。2段階相当の子どもや思いつかない子どもには，教師がヒントを出しましょう。カード取りを担当する子どもはそれを聞いて，「アイス」のかるたカードを探して持ってきます。子どもは言葉だけで「アイス」と伝えるようにし，教師はカードを取れるよう段階的に指さし等で支援をしましょう。持ってきたかるた

カードを2人で確認し，見ている友達に向かってカードを見せながら「アイスです。いいですか？」と尋ねます。「いいです」と○ジェスチャーが返ってきたら，ポイントをもらいます。

写真や絵が大きく貼られたミッションカードには，「かべをおす」「かたあしだちで　10まで　かぞえる」「かばが　くさをたべる　まねをする」などの動作の指示が書いてあり，指示を読み上げた後，自分なりにその動作をします。教師は子どもの自発を待ち，悩んでいる様子が見られたら，「こんな動きかな」

などと言葉でヒントを出したり，実際にモデルを見せたり，手を添えたりと，段階的に支援を行いながら，「○○をしているね」と言葉を繰り返して伝えましょう。こちらも，「いいですか？」「いいです」のやりとりができたら，ポイントをもらいます。

子どもは，これまでの経験から動作をするので，「ねぎをたべる」で丸かじりの動作をする子どももいれば，包丁で刻んで鍋に入れる子どももいます。教師は横で解説をしながら真似をしたり，もう一動作加えたりしながら，子どものユニークさ

や工夫をどんどん称賛していきましょう。子どもが楽しさを感じながら，表現の幅を広げるチャンスです。

また，「ゲーム活動の流れ」のチーム分けはあくまで目安です。ペアづくりの際は，子どもの学習の状況に応じてどの子どもと組むと目標により近づくかを検討しましょう。例えば，「文字に対して苦手感がある」という子どもは文字を読める子どもと組んで，安心できる状況で文字に少しずつ親しんでいくようにします。また，「文字は未学習だけれども意欲的」な子どもは，⑧の役割を担当し，他チームの友達が同じ役割をするのをモデルとして見ながら，自分の順番で教師と一緒に挑戦することで，上の段階の目標にも近づくことができます。

【ゲームの要所：カードを作る】

ゲームを楽しんだ後は，自分たちでカードを作ってゲームを増やしていきます。

１段階相当の子どもは，素材カードから知っているものや興味のあるものを選んだり，ペアの友達の依頼を聞いてカードを取りに行ったりして，ミッションカード台紙にのりで貼ります。それをもとに，ペアの友達や教師とどのようなミッションにするか相談をして，文章を作って書くことになります。

子どもの実態に応じて，自分で文章を書いたり，一部の単語を書いたり，なぞり書きをしますが，教師が提示するだけでなく子どもにどうしたいか確認をしながら進めていくことも大切です。ペアの友達や他のチームの友達がやっていることを見て，「文字はまだ書けないけれど，鉛筆を持ってミッションカードに書いてみたい」「○○さんみたいに漢字を書いてみたい」など，「やってみたい」を伝えてくる子どももいます。こういっ

た意欲に繋がるところが集団での学習のよいところです。決して否定せず，子どもの「やりたい」を尊重しながら進めましょう。なるべく達成感のある仕上がりになるよう支援をしますが，後から読みやすくすることはいくらでもできます。

自分たちで作ったカードを読んで，その動作をしてイメージを確認したらできあがりです。次の時間までにラミネートをしてマグネットを貼って，次回のゲームに使いましょう。

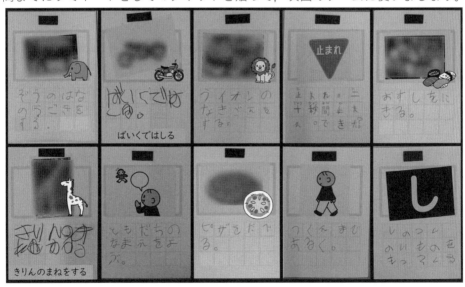

※著作権保護のため写真にぼかしをかけ，ドロップスシンボルで表示しています。

国語

算数

各教科等を合わせた指導

4　すきなのどっち？

対象　小学部１段階・２段階・３段階
（小学校１，２年生　※幅広い学年に応用可能）

（佐藤　義竹）

 ゲームの概要

　自己選択・自己決定・意思の表明をコンセプトにしたコミュニケーションゲーム「すきなの
どっち？」を題材にした活動です。聞くこと・話すことを主要なテーマにしています。

　ゲームは４人１グループを目安に取り組みます。カードの背面が上になるようにグループの
中央に置き，順番を決めたらゲーム開始です。１番目の人はカードを引いて，引いたカードの
どちらが好きかを答えます。その他の人は聞き手として話し手の話を聞き，最後にリアクショ
ンを示します。１番目の人が話し終わったら，２番目の人は次のカードを引いて同じように答
えます。役割（話し手と聞き手）を交代しながら，聞くこと・話すことに取り組むことをねら
いにしています。

 学習のねらい

小学部１段階	
知・技 イ−（イ）	1-❶　ゲームを通して，人によって様々な「好き」があることに触れる。
思・判・表 A−ウ	1-❷　イラストをもとに，指さしや言葉で選択・表現することを通して自分の好きなものやことを伝える。
学・人	自ら進んで表現しようとしたり相手の話を聞こうとしたりする。

小学部２段階	
知・技 イ−（イ）	2-❶　ゲームを通して，人によって様々な「好き」があること，また様々な伝え方があることを知る。
思・判・表 A−ウ	2-❷　イラストをもとに，自分なりの方法で選択し，選んだ理由を伝える。
学・人	自ら進んで表現しようとしたり相手の話を聞こうとしたりする。

小学部3段階		
知・技	3-❶	お互いの話を通して，様々な表現方法があることがわかる。
ウ-(イ)		
思・判・表	3-❷	イラストをもとに，自分なりの方法で選択し，選んだ理由を伝える。
A-ウ		
学・人	自分なりに表現しようとしたり相手の表現方法を受け止めたりして，進んで活動に取り組む。	

📖 教材・教具

●本時の目標や活動の流れを示したスライド

●スライド提示用モニター

●[あると便利] スライド送り用ポインターリモコン

●カード一式（本稿では tobiraco「すきなのどっち？」を使用）

●リアクションボード（本稿では tobiraco「きもち・つたえる・ボード」を使用）

ゲームと学習の流れ

	活動の流れ	活動及び評価機会		
		1段階	2段階	3段階
0	グループで集まり，ゲームの準備をする			
ゲームに取り組む				
1	・順番を決める			
2	・1番目の人は，カードを引いて答える	1-❶	2-❶	3-❶
	『私は○○が好きです。なぜなら〜だからです』など	1-❷	2-❷	3-❷
3	・聞き役の子どもは，相手が話し終わった後にリアクションをする	1-❶	2-❶	3-❶
	『なるほど〜』『(うんうんと頷く)』『(にっこり微笑む)』など			
4	・次の人は，カードを引いて答える	1-❶	2-❶	3-❶
	『私は○○が好きです。なぜなら〜だからです』など	1-❷	2-❷	3-❷
5	・聞き役の子どもは，相手が話し終わった後にリアクションをする	1-❶	2-❶	3-❶
	『なるほど〜』『(うんうんと頷く)』『(にっこり微笑む)』など			
	※設定時間中は上記4〜5を繰り返す			
全体で振り返りをする				
6	・各グループ1人ずつ，今日の感想を発表する			
	・教師は全体に本時で見られた子どもたちの前向きな様子を伝える			

　表内の目標に対応する活動で見られた姿について，次の観点で振り返りを行います。具体的な観点をもとに振り返ることで，さらに必要な手立てを準備するなど，授業改善に繋げます。

(1) 話すこと
　　①引いたカードに示されている選択肢から，どちらか1つを自ら選ぶ
　　②相手にわかるように，選択した項目を伝える
　　③(段階に応じて) 選択した理由を伝える

(2) 聞くこと
　　①相手が話し終わるまで，静かに待つ・注目する
　　②相手が話し終わった後に，自分なりの方法でリアクションをする

指導のポイント

【全体の流れ】

　他の活動と同じように，まずは全体で本時の説明を行います。子どもが見通しをもって進んで取り組むことに繋がるよう，活動の流れや大切にしてほしいことについて，教師が話をします。

　目安として４人１グループですが，学習集団に応じてグルーピングすることができます。最初は教師もグループに入って一緒に取り組んでみる，慣れてきたら子どもたちだけのグループで取り組むようにするなど，段階的に調整することもできます。指導における配慮の１つとして，グルーピングも柔軟に検討することが大切です。

【ゲームの要所：聞く人のルールを明確にすること】

　特に子ども同士で取り組む場合は，聞く人のマナーやルールを明示しておくことが大切です。「相手の話を静かに聞くこと」が大事ですので，よい姿（この場合は「頷く」こと）をはっきりと伝えます。併せて，スライドでは望ましくない姿も端的に明示することで，子どもに伝わりやすいようにしました。「〜はだめ」という禁止事項をたくさん伝えることはできる限り避けたいところですので，この点も，学習集団の実態や指導者の考えに基づいて，必要と思われるルールやマナーを明示するようにしてください。

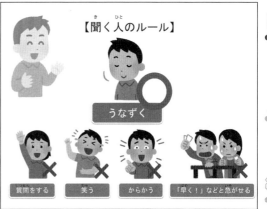

 国語

 算数

 各教科等を合わせた指導

【ゲームの要所：選ぶ・決めること】

　カードには２つのイラストとその名前が描かれています。順番が回ってきた子どもは，カードを１枚引いて，描かれたイラストのどちらが好きかを答えるシンプルなゲームです。

　「僕は○○が好き」というように言葉で選択

して伝えることもあれば，発語ではなくイラストを指さして周囲に伝えることもできます。一人一人の実態に応じた方法で選び，伝えることがポイントの１つです。

また，「選んだ理由も簡単に説明してみてね」と，活動初めに説明しておくことも大切です。「私は□□が好きです。なぜなら，～だからです」というように，ゲームの自然な文脈の中で相手にわかりやすく選んだ理由について伝える機会にも繋がります。

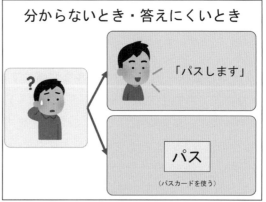

順番にカードを引いて，カードのどちらが好きかを答えます。

答え方は人それぞれです。話す人，指さしする人，視線を向ける人，一人一人の方法で選び，決めて，そして伝えてみてください。

"いまの気分だったらどっち？"
『どっちでもないな…』と思ったら，『どっちかといえば…』と考えてみて，もし答えられそうだったら答えてみてください。
無理に答える必要はありません。その時は「パス」することもできます。

"どうして？"
もしできたら，選んだ理由を答えてみてください。自分のことを考えるきっかけになるかもしれません。

【ゲームの要所：No と言うことができる】

引いたカードのどちらが好きか，少し考えてから周囲に伝えるゲームです。しかし，スムーズに決めることができない場合もあります。そのときは，無理に答えるのではなく「パス」と言って順番を次に回すことができます。コミュニケーションの楽しさを感じることを根幹にしているゲームですので，「どっちがよいか選んで」などと無理に選択を強いることは絶対に避けるようにしています。難しいとき，わからないときは無理に答える必要はなく，そのときは「わかりません」「パスします」というように，

周囲に伝えることも１つの選択肢としています。緊張感が強く上手くパスを伝えられない場合は，パスカードなどを準備し，言葉の代わりにカードを提示できるようにしておくことも，活動における配慮の１つになります。ぜひ，学習集団の実態に応じて必要な手立てを講じてみましょう。

【ゲームの要所：聞くこと】

普段の会話と同じように，このゲームも聞き手の反応（リアクション）が大切です。「リアクションを示しましょう」と言っても，具体的な身振りまで伝えることには限界があります。そこで，「きもち・つたえる・ボード」を活用するようにしています。

ボードは，ゲーム開始時に１人１枚手に持つようにします。

ゲーム中，聞き手は話し手が話し終えたタイミングで，相手が見てわかる位置にボードを提示するというシンプルな使い方です。先生が「話している間は静かに聞いて，話し終わったら，ボードを相手に見せてあげてね」と伝えておくと，具体的な聞き方の目安を共有することもできます。聞き手にとっては具体的な聞き方がわかりますし，話し手にとっては聞き手のリアクションが一目で確認できますので，より話しやすい雰囲気に繋がるようになります。

　ボードは，表面と裏面でそれぞれ異なるイラストと言葉になっています。これは，子どもの実態によっては，相手が見る面を意識してボードを提示できるようにしているためです。シンプルにボードを提示するだけでも「わたしはあなたの話を聞いているよ」という見える化になりますので，ぜひ子どもの実態に応じた目標設定を大切にしてください。

【ワンポイント】

　数回同じグループで取り組んだ後に，これまでとは異なるグループ編制で取り組んでみる，交流及び共同学習のアイスブレイクで使ってみるなど，様々な活用方法があります。楽しく取り組むことを前提に，学習集団の実態や活動内容に応じて指導者の柔軟な発想で取り組んでいただければと思います。

国語

算数

各教科等を合わせた指導

国 語

5 だるまさんのまねっこ！

対象 小学部1段階・2段階
（小学校1，2年）

（田上　幸太）

 ゲームの概要

　絵本の読み聞かせに応じ，絵本の場面に出てくる挿絵や言葉を見聞きしながら，言葉を真似て言ったり，身振りを真似て表現したりするゲーム活動を行います。ゲームといっても誰かと競い合うのではなく，言語の発達が初期段階の国語の学習として，楽しみながら言葉に親しむこと，教師や友達とのやりとりや関わりを繰り返し楽しみながら，絵本の中の絵や言葉に注意を向けられるようになることをねらいました。

学習のねらい

小学部1段階		
知・技	1-❶	絵本の挿絵や言葉が事物の内容を表していることを感じる。
ア－(ア)（イ） イ－(ア) イ－(イ)	1-❷	絵本に出てくる言葉のもつ音やリズムに触れたり，言葉が表す動きやイメージに触れたりする。
	1-❸	ゲームを通して言葉の楽しさに触れる。
思・判・表	1-❹	絵本の読み聞かせに応じ，真似たり，簡単な動きを行ったりする。
A－ア・イ	1-❺	教師の話しかけに注目したり，応じて答えたりする。
学・人	言葉や動きで表すことのよさを感じ，自ら言葉や動きで表現しようとする。	

小学部2段階		
知・技	2-❶	絵本に出てくる動作を表す平仮名の言葉を読む。
ア－(イ)（ウ） イ－(イ)	2-❷	絵本の挿絵と言葉が表す様々な動作に触れる。
	2-❸	ゲームを通して言葉による表現に親しむ。
思・判・表	2-❹	絵本に出てくる挿絵や言葉を見聞きして，同じように身振りや言葉で真似る。
A－イ C－エ	2-❺	絵本を見て好きな場面を指さしや言葉で伝える。
学・人	読み聞かせに親しみ，感じたことを言葉で伝えようとする。	

📖 教材・教具

●学習のめあてや活動の流れを示すための掲示物（モニターで表示してもよい）

●絵本「だるまさんが」（かがくいひろし作・ブロンズ新社）

●［あると便利］大型絵本（大きくて見やすい）

●パネルシアター用背景（絵本に注目しやすくなる）

●パネルシアター（絵本の挿絵を複写してパネルシアターを制作する場合，事前に出版社に申請し，著作権者の許諾を得る必要がある）

●椅子または台座（子どもの実態によっては台座を使った方がよい場合がある）

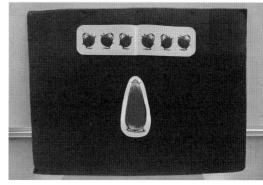

ゲームと学習の流れ

活動の流れ		活動及び評価機会	
		1段階	2段階
絵本の読み聞かせを聞く			
1	・椅子（または台座）に座る		
2	・絵本の文字「だ・る・ま・さ・ん・が」を1文字ずつ指さしながら，教師がリズムよく言葉を言うのに合わせて，絵本に注目したり，「ア・ア・ア」などと声に出したりして表現する	1-❷	
	・絵本の文字「だ・る・ま・さ・ん・が」を1文字ずつ指さしながら教師がリズムよく言うのに合わせて，平仮名を音声で言う		2-❶
3	・絵本の挿絵や挿絵に添えられた「どてっ」などの言葉を教師が言うのを聞いて，絵本に注目したり，笑ったりして応答する	1-❶ 1-❺	
	・絵本の挿絵や挿絵に添えられた「どてっ」などの言葉を教師が言うのを聞いて，好きな場面で同じように言葉を真似て言う		2-❷ 2-❺
だるまさんの動きを真似る			
4	・椅子（または台座）に座る	1-❷	2-❷
5	・絵本の文字「だ・る・ま・さ・ん・が」を教師がリズムよく言いながら，左右に揺れるのに合わせて，教師の動きに注目したり，真似て左右に体を揺らしたりする	1-❹ 1-❺ 1-❸	2-❹
6	・絵本の挿絵と添えられた「どてっ」などの言葉を言いながら，絵と同じ動きを教師が体で表現しているのを見て，教師の動きに注目したり，教師の身体援助を受けて動きを真似たりする	1-❹ 1-❺	
	・絵本の挿絵を見て，動きを真似て表現したり，添えられた言葉を言ったりする		2-❷ 2-❸ 2-❹
7	・動きを真似る活動が終わったら，太鼓の合図で椅子（または台座）に戻って座り，次の活動に備える		
8	・絵本の進行に沿って同様に6・7のゲーム活動を行う	1-❸ 1-❹ 1-❺	2-❷ 2-❸ 2-❹
好きな活動を選んで伝える			
9	・やってみて楽しかった活動や好きな活動を，挿絵の選択肢から選んで指さしたり，動きで表現したりする（1段階の子ども）	1-❺	
10	・やってみて好きな活動や楽しかった活動を，挿絵の選択肢から選び，指さしたり，「どてっ」などと言葉で伝える（2段階の子ども）		2-❺

表内の目標に対応する活動で見られた姿について，以下の基準で評価をしました。

評価レベル	観察された姿
1	・行おうとしない　　・機会なし
2	・身体ガイダンス等を受けて教師と一緒に行う
3	・教師のモデルを模倣して行う
4	・教師の促し（問いかけやジェスチャーなど）を受けて行う
5	・自発的に取り組む　　・自発的に答える

指導のポイント

【全体の流れ】

　最初にホワイトボードにめあてや活動内容，読む絵本を
提示しながら，平易な言葉でゆっくり，はっきりと話し，
何をやるかを伝えます。めあて（学習の目標）は，「よく
みる」「まねっこしよう」の２つです。１段階を学ぶ子ど
もが多く，言葉の意味理解が十分でない子どものための学
習活動であるため，掲示物にはイラストを入れて，なるべ
くわかりやすく，親しみやすくなるように工夫します。

　この活動を通して，子どもの注目や身体表現，言葉の表出を育てていくためには，活動を繰
り返し行うことをおすすめします。２回，３回と繰り返すことで，絵本の内容がわかるように
なったり，身体表現の仕方が上達したり，言葉を覚えて言えるようになるなどの育ちが期待で
きます。また，子どもに合わせて絵本の中で注目してほしい場面をパネルシアターに表して示
したり，動きを表現するための小道具を取り入れたりするなど，子どもの理解度や興味関心に
合わせた工夫をすることが効果的です。

　また，言葉のよさを感じ，言葉で表現する態度を育むためには，教師が子どもの手を取って
楽しげに誘うことが有効ですが，触れられるのが苦手な子どもや内容がわかるまでじっと注目
している子どもがいる場合もあることから，注目している姿を捉えて「よく見て聞いている
ね」と積極的に評価し，子どもに伝えていくことも大切にしています。

【ゲームの要所：読み聞かせをしっかりと楽しむ】

　絵本のよいところは，子どもが注目しやすく興味をもち
やすい挿絵があるところです。また，繰り返しの構造をも
ちながら，内容が変化・展開していく絵本，オノマトペな
ど直感的に理解しやすい言葉で表現されている絵本が多数
あります。そうした絵本は，発達初期の子どもでも楽しめ
るものになっています。本活動で取り上げた絵本『だるま
さんが』（かがくいひろし作・ブロンズ新社）はこうした

特徴を備え，優しいタッチの絵と，ついつい真似したくなる動きが展開される優れた作品であ
り，子どもに大人気の絵本の１つです。また，伝承遊び「だるまさんがころんだ」から着想を
得ており，言葉のリズムや言語文化について触れるきっかけとすることができると考えます。

　導入の活動として，読み聞かせを行います。読み聞かせには目的に応じた様々な読み方の技
法があり，作品に合わせて読み方を工夫することが知られています。この活動では，聞くこ

と・話すこと，読むことの導入段階の活動であることから，リズムよく読むこと，絵本で展開されるだるまさんの動きに合わせて声の大きさや速さに強弱をつけて表現すること，ページめくりに強弱をつけることなど積極的に抑揚をつける工夫をしました。そして，静かに注視している姿も，読み聞かせを聴きながら笑ったり，声を出したりする姿も，近寄って本を触ろうとする姿も認め，子どもに応じてたくさん評価していきました。

　読み聞かせでは，教師の話しかけに注目を引きつけつつ，絵本の挿絵と，挿絵に添えられた文字を指さして示し，挿絵と文字（平仮名）があることへの気づきを促します。平仮名が読める子どもがいる場合は，その子どもに読んでもらうよう工夫することも有効です。

【ゲームの要所：動きの表現や声の表出を段階的に】

　読み聞かせの後，改めて絵本の場面に合わせて，言葉や挿絵の動きを教師と一緒に楽しみながら表していきます。この際，子どもの動きや言葉を引き出すために，大型絵本を使用することが役立ちます。また，挿絵に親しみをもちやすくするため，できるだけシンプルに挿絵に注目できるよう，パネルシアター化した教材も作成しました。挿絵を見て言葉と動きで表現する，挿絵を見て動きを真似て表現する，教師が挿絵に合わせて動きのモデルを示しそれを真似て表現する，教師が子どもの手を取り，緩やかに身体援助をしながら動きを表現する，座って挿絵に注目する，など段階的に支援しながらどの段階が達成できているかを評価します。繰り返し学習する中で子ども一人一人について表現の仕方に変化や自発的なステップアップが見られるかを確認していきましょう。

　言葉の表現についても，文字を読んで言う，動きに合わせて喃語や音声を表出する姿を評価していきます。

　体を使って表現する活動に積極的に取り組んでいる場合，椅子（または台座）から立ち上がって活動する時間が多くなり，活動の区切りがわかりにくくなると注目や

傾聴がしにくくなります。そのため，一場面の表現活動が終わったタイミングでは，太鼓を「ドン」と鳴らし，着席を促しました。

　この合図も学習の中で繰り返し取り組んでいくことで理解を促しました。

【ゲームの要所：好きな活動を選んで表現する】

　だるまさんの動きを真似る活動を終えた後は，ゆったりとクールダウンすることを兼ねて，やったことを思い出しながら，子ども一人一人がやってみて楽しかった動きや好きな動きを選び，伝えてもらいます。子どもが注視を促すために作成したパネルシアターが役立ちました。パネルシアターを選択肢として示します。この際，選ぶことが苦手な子どもの場合は，活動中の行動観察や評価を踏まえて，選択肢を2つにするなどの工夫をすることで，伝えようとする姿勢を支援します。2段階の子どもであれば，意欲的に選んでもらうために選択肢を増やしてもよいでしょう。

　伝え方も子どもに応じて取り組んでもらいます。選択肢を指さして伝える，選んだ場面の挿絵を見ながら，もう一度その動きを真似て伝えるなどの方法があります。その際も必要に応じて教師がモデルを示したり，身体援助をしたりすることで，より聞くこと・話すこと，読むことの経験を繰り返します。

　選択が誰かと一致したときは「○○さんと同じだね」とか，「先生も次はその動きをしてみようかな」などとフィードバックし，次回に向けての意欲を高めるようにしました。

　それでも選択したり伝えたりしたがらない子どもがいるかもしれません。その際にも，全体のめあてに立ち戻り，「よく見る・よく聞く」ができていることを評価し，活動に参加できたことをほめてしっかりと伝えていきましょう。

【ワンポイント】

　子どもの注意・集中を持続するために，「絵本の読み聞かせを聞く」「だるまさんの動きを真似る」「好きな活動を選んで伝える」という3つのまとまりに分けて活動を構成しました。

　実際の授業では，子どもに人気のある別の絵本を交互に扱いながら学習することで，絵本の違いを楽しみながら学習しつつ，それぞれの活動に飽きてしまわないよう工夫していました。

国語

算数

各教科等を合わせた指導

6 しりとりゲーム

対象 小学部１段階・２段階・３段階
（小学校１，２年）

（田中　翔大）

ゲームの概要

　イラストと文字が併記された絵カードを，しりとりのように順番に並べたり，探したりするゲームです。絵カードをもとに教師と一緒に名称を確認したり，語頭と語尾に注目して読んだりすることを通して，繰り返し楽しみながら文字に触れる活動です。

学習のねらい

　関わる機会の多い身近なものや日用品を題材とし，イラストを参照しながら平仮名や片仮名を読むことをねらいました。１段階の子どもは，モニターに提示されたイラストと同じ絵カードを探したり，併記された文字と絵に意味があることを一緒に確認したりしながら行います。

　【小学部１段階】〈知・技〉ア-(イ)　〈思・判・表〉「Ｃ読むこと」- ア
　【小学部２段階】〈知・技〉ア-(イ)　〈思・判・表〉「Ｃ読むこと」- ア
　【小学部３段階】〈知・技〉ア-(ウ)　〈思・判・表〉「Ｃ読むこと」- ウ

教材・教具

●絵カード

　名称の語頭・語尾に○印をつけることで，注目しやすくしています。

　日常生活において横書きの単語に触れる機会が多いことにも配慮し，必要に応じて横書き・縦書きのカードを作成し，それぞれの読み方を学べるようにします。

●イラストを表示するためのスライドおよびモニター

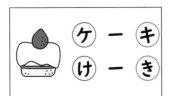  

ゲームと学習の流れ

	ゲームの流れ	活動及び評価機会		
		1段階	2段階	3段階
0	・「しりとりゲーム」をすることを知り，しりとりの復習を行う	○	○	○
絵カードを順番に並べよう				
1	・教師に提示された絵カードを見て，名称を答える	○	○	○
2	・それぞれ担当する絵カードを選んで受け取る （好きなものを選択する）	○		
3	・提示された最初の単語を教師と一緒に読む	○	○	○
4	・単語の語尾を見て，次の単語の絵カードを持った子どもが前に出る （必要に応じて，モニターに表示されたヒントを参照する）	○	○	○
5	・「（名称）です。いいですか？」と発表する			
6	・あっていたら，「いいです」と答えたり，ジャスチャーで応じたりする			
7	・1音ごとに手拍子をしながら，名称を確認する （発語が難しい子どもは，教師と一緒に手拍子をする） ※4〜7を繰り返す	○	○	○
8	・子ども全員が絵カードを発表し終えたところで，並んでいる絵カードを改めて順番に読む	○	○	○
絵カードを探して，しりとりをしよう				
9	・提示された最初の単語を教師と一緒に読む	○	○	○
10	・順番に呼ばれた子どもは前に出る			
11	・単語の語尾を見て，次の単語の絵カードを探す （必要に応じて，モニターに表示されたヒントを参照する）	○	○	○
12	・「（名称）です。いいですか？」と発表する	○	○	○
13	・あっていたら，「いいです」と答えたり，ジャスチャーで応じたりする			
14	・1音ごとに手拍子をしながら，名称を確認する ※10〜14を繰り返す	○	○	○
15	・子ども全員が絵カードを発表し終えたところで，並んでいる絵カードを改めて順番に読む		○	○

 ## 指導のポイント

　本ゲームは，読むことを主な内容においていますが，しりとりで悩む姿が見られた際は，語頭と語尾に注目できるように，語尾音を口頭で繰り返し伝えるなどの促しを行います。また，「"き"から始まる食べ物だね」などと伝え，種類のまとまりについても意識できるようにするとよいです。さらに，絵カードでの学習の前に，絵本や歌などで「しりとり」についてゲーム的に学ぶ機会があるとより効果的です。絵本や歌『ようかいしりとり』（作詞：おくはらゆめ，作曲：種ともこ）などで楽しみながら親しむのもおすすめです。登場キャラクターになりきってしりとりをすることで，楽しみながら文字に触れる機会となります。

7 おつかいゲーム

 対象　小学部1段階・2段階・3段階
（小学校1，2年）

（田中　翔大）

ゲームの概要

　指示された内容を聞いて記憶し，実物やあてはまる絵カードを探すゲームです。最初は，身近なものを単語で探すところから始め，2種類の物や文章での指示に発展させます。

学習のねらい

　教師の働きかけに応じたり，受け入れたりすることを通してその内容を記憶し，行動する姿をねらいます。また，指示理解が難しい際は，身近なものの名称をイラストとともに覚えたり，説明の内容を文字で確認したりすることを通して，繰り返し楽しみながらいろいろな言葉に触れる機会とします。

【小学部1段階】〈知・技〉ア-(ア)　〈思・判・表〉「A聞くこと・話すこと」-イ

【小学部2段階】〈知・技〉ア-(ア)（ウ）　〈思・判・表〉「A聞くこと・話すこと」-イ

【小学部3段階】〈知・技〉ア-(ア)（ウ）（エ）

　　　　　　　　〈思・判・表〉「A聞くこと・話すこと」-ア，「C読むこと」-ウ

教材・教具

●絵カード（名称が併記されたもの，イラストのみのものなど実態に応じて作成）

●イラストや指示文を表示するためのスライド及びモニター

ゲームと学習の流れ

ゲームの流れ	活動及び評価機会		
	1段階	2段階	3段階
教室の中で探す			
1 ・順番に呼ばれた子どもは前に出る（2人ずつ）			
2 ・教師からの指示文（問題：「○○を持ってきてください」）を聞く	○	○	
3 ・聞いたものを探して，前に持ってくる（必要に応じて，再度指示を聞いたり，モニターに表示されたヒントである文字やイラストを参照したりする）	○	○	
4 ・「（名称）です。いいですか？」と発表する	○	○	
5 ・あっていたら，「いいです」と答えたり，ジェスチャーで応じたりする			
※1～5を繰り返す			
複数の絵カードを探す			
6 ・順番に呼ばれた子どもは前に出る（2人ずつ）			
7 ・教師からの指示文（問題：「○○と△△を持ってきてください」）を聞く	○	○	○
8 ・聞き取った内容の絵カードを探す（必要に応じて，再度指示を聞いたり，モニターに表示されたヒントである文字やイラストを参照したりする）	○	○	○
9 ・「（名称）です。いいですか？」と発表する	○	○	○
10 ・あっていたら，「いいです」と答えたり，ジェスチャーで応じたりする			
※6～10を繰り返す			
文章の指示を聞いて，あてはまる絵カードを探す			
11 ・順番に呼ばれた子どもは前に出る（2人ずつ）			
12 ・教師からの指示文（問題：「○○を～している──の人を探してください」）を聞く		○	○
13 ・聞き取った内容の絵カードを探す（必要に応じて，再度指示を聞いたり，モニターに表示されたヒントである文字を参照したりする）		○	○
14 ・モニターのイラストを見て，正答を確認する			
※11～14を繰り返す		○	○

指導のポイント

　子どもの実態によっては，指示文を聞き漏らしたり，内容を間違えたりすることが多くあると思います。その際も，繰り返し口頭で伝えたり，ヒントに注目させたりするなど，段階的に支援を行うことで基本的に間違えることのないようにしつつ，誤答があった際も自ら気づいて直せるようにしてください。必要に応じて，選択肢を狭めてもよいでしょう。

　また，右図のように，発展させた学習として，指示文の書かれた指令書を読んで，それに応じたイラスト（文字情報なし）を取る学習も考えられます。

国語

算数

各教科等を合わせた指導

8 トライゲーム
やってみたいのはどっち？

対象 小学部1段階・2段階・3段階
（小学校1，2年）

（佐藤　義竹）

ゲームの概要

カードに描かれたイラストのうち，どちらを取り組んでみたいか考え，伝えるゲームです。「無理」「できない」ではなく，「もしできるとしたら？」というように前向きに想像を膨らませることを大切にしています。

進め方は「すきなのどっち？」と同じように，4人1グループを目安に取り組みます。

学習のねらい

「相手の話を聞くこと・自分のことを話すこと」が主な活動です。グループで順番を決めて，順番が回ってきた人は引いたカードのどっちをやってみたいか考えて話します。聞いている人は相手の話を静かに聞くことがルールです。子どもなりの伝え方で自分の思いや考えを相手に伝えることをねらいました。

【小学部1段階】〈知・技〉イ–(イ)　〈思・判・表〉「A聞くこと・話すこと」–ウ

【小学部2段階】〈知・技〉イ–(イ)　〈思・判・表〉「A聞くこと・話すこと」–ウ

【小学部3段階】〈知・技〉ウ–(イ)　〈思・判・表〉「A聞くこと・話すこと」–ウ

教材・教具

●カードとリアクションボード

本稿では tobiraco「トライゲーム」と同「きもち・つたえる・ボード」を使用しました。

ゲームと学習の流れ

	ゲームの流れ	活動及び評価機会		
		1段階	2段階	3段階
0	・グループで集まり，ゲームの準備をする			
ゲームに取り組む				
1	・順番を決める			
2	・1番目の人は，カードを引いて答える 『私は○○をやってみたいです。なぜなら～だからです』など	○ ○	○ ○	○ ○
3	・聞き役の子どもは，相手が話し終わった後にリアクションをする 『なるほど～』『(うんうんと頷く)』『(にっこり微笑む)』など	○	○	○
4	・次の人は，カードを引いて答える 『私は○○をやってみたいです。なぜなら～だからです』など	○ ○	○ ○	○ ○
5	・聞き役の子どもは，相手が話し終わった後にリアクションをする 『なるほど～』『(うんうんと頷く)』『(にっこり微笑む)』など ※設定時間中は上記4～5を繰り返す	○	○	○
全体で振り返りをする				
6	・各グループ1人ずつ，今日の感想を発表する ・教師は全体に本時で見られた子どもたちの前向きな様子を伝える			

指導のポイント

　先に紹介した「すきなのどっち？」と同じように，コミュニケーションの楽しさを感じることを前提に，学習集団の実態や指導のねらい等に応じて柔軟に活動を進めてください。

　「トライゲーム」の場合は，「どうせ無理」「できない」など，ネガティブな理由が多くなる場合も想定されます。ゲームを進める際には，初めに「もし，できるとするなら，どっちをやってみたい？」と問いかけることも大切です。子どもたちの自由な発想を引き出すことに繋がる導入部の工夫がポイントの1つになります。

国語

算数

各教科等を合わせた指導

国語

9 でんごんゲーム

対象 小学部1段階・2段階・3段階
（小学校1，2年）

（佐藤　義竹）

 ## ゲームの概要

「〇〇を〜に□□する」などのような助詞に焦点をあてたゲーム活動です。相手の話をよく聞いて，次の人に伝えること，相手にわかりやすくはっきりと伝えようとすること，聞いたことを実際に行動してみることなど，ゲームを通して楽しく取り組みます。

また，助詞だけでなく，聞く・話すなどの活動になります。

学習のねらい

3人1グループを目安に，役割を交代しながらミッション（伝言文）に取り組みます。
【小学部1段階】〈知・技〉ア-（ア）　〈思・判・表〉「A聞くこと・話すこと」-ア
【小学部2段階】〈知・技〉ア-（ア）（イ）　〈思・判・表〉「A聞くこと・話すこと」-ア，イ
【小学部3段階】〈知・技〉ア-（イ）（オ）　〈思・判・表〉「A聞くこと・話すこと」-ア

教材・教具

ミッションに必要な道具一式，提示用のスライドを準備します。なお，提示用スライド（下記）はA4印刷しハサミで切ることでカードにもできます。

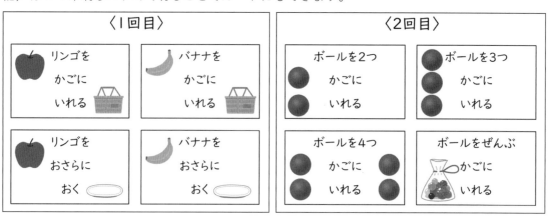

ゲームと学習の流れ

	ゲームの流れ	活動及び評価機会		
		1段階	2段階	3段階
0	・グループで集まり，ゲームの準備をする			
ゲームに取り組む				
1	・順番（役割）を決める			
2	・1番目の人は，4枚のカードから1枚を引く	○	○	○
	・引いたカードに書かれたことを，2番目の人に伝える	○	○	○
3	・2番目の人は，1番目の人が伝えようとしていることを聞く	○	○	○
	・聞いたことを，3番目の人に伝える			
4	・3番目の人は，2番目の人が伝えようとしていることを聞く	○	○	○
	・聞いたことを，実際に取り組んでみる	○	○	○
5	・グループ全員で先生に正解を確かめる			
全体で振り返りをする				
6	・各グループ1人ずつ，今日の感想を発表する			
	・教師は全体に本時で見られた子どもたちの前向きな様子を伝える			

指導のポイント

　事例では3人1グループの小集団学習を紹介しましたが，例えば2グループであれば，ミッションを考えるグループとミッションに取り組むグループに分かれて，グループ間で役割分担することもできます。1人ではなくグループ内で相談し合いながら取り組むことができるので，相手の意見を聞きながら言葉が表す意味についてより深く考えることにも繋がります。

　また，ミッションカードは文字に加えて，イラストを上手く活用することもポイントです。多様な実態の集団で取り組む場合，文字理解に課題がある子どもでもイラストを貼り移して，ミッションをつくることができます。そこからグループ内で協力し合い課題文を作成するという流れも考えられます。学習集団の実態に応じて，柔軟に活動を設定することがポイントです。

国語

算数

各教科等を合わせた指導

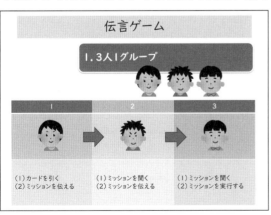

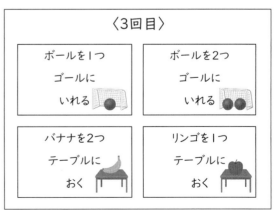

国　語

10 どんなきもち？

対象 小学部１段階・２段階・３段階
（小学校１，２年）

（髙津　梓）

ゲームの概要

　順番にカードをめくって書いてある場面を読んだり，イラストを見たりしながら，自分だったらどんな気持ちなのかを考えて答えたり，友達と共有したりするゲームです。教師や友達と一緒に場面を想像したり，気持ちを表す単語を伝え合ったりします。

学習のねらい

　友達や教師の話を聞いたり話したりすることを通して，様々な場面について想像をしながら気持ちを表す言葉に触れたり，自分だったらどんな気持ちであるかを考えることをねらっています。また，同じ場面において，友達と自分の感じる「気持ち」が同じこともあり，異なることもあるということを気づく機会としています。

　【小学部１段階】〈知・技〉ア −(ア)　〈思・判・表〉「Ａ聞くこと・話すこと」− ウ

　【小学部２段階】〈知・技〉ア −(ア)　〈思・判・表〉「Ａ聞くこと・話すこと」− ウ

　【小学部３段階】〈知・技〉ア −(ア)　〈思・判・表〉「Ａ聞くこと・話すこと」− イ，ウ

教材・教具

●どんな気持ちゲーム（両面刷りで①が裏面，②〜④の表面に様々な場面）
●気持ちボード　　●気持ちシート　　●場面カード

📖 ゲームと学習の流れ

	ゲームの流れ	1段階	2段階	3段階
1	・順番を決める			
2	・1番目の人は，カードを引いて書いてある場面を読み上げたり見せたりする		○	○
	・場面を聞いて，気持ちやその理由を答える			○
3	・場面を聞いて，気持ちシートから選んで答える		○	
	・場面を聞いて，気持ちボードを選んで挙げる	○		
4	・聞いていた子どもは，リアクションをしたり，自分だったらどんな気持ちかを伝えたりする			
5	・気持ちシートに場面カードを貼っていく	○		
	※カードが終わるまで繰り返す			
6	・気持ちシートをお互いに見合う			
7	・同じ場面でも，同じ気持ちをもつ友達や，違う気持ちになる友達がいることを聞く			○

※表の「活動及び評価機会」欄には「1段階」「2段階」「3段階」の区分があります。

📖 指導のポイント

　「気持ち」は目に見えないものであるため，友達同士で共有したり，読み取ったりすることが難しい子どもも多いです。自分の中の感情について気持ちを表す言葉で表現すること，それを人に伝える経験を積み重ね，それを語彙として獲得していくことが必要になります。

　友達と一緒に行うゲームを通して「気持ちを表す言葉」に触れながら，それがいったいどういう状態であるかについて知ることができるようにします。表情イラストのついた気持ちボードを選択したり，教師がその場面での様々な気持ちの表現を演じて見せたりすることが大切です。「〇〇さんはカレーを食べるとき，うれしいなぁって思うんだって」と伝え，その子どもと一緒に「うれしいなぁ」と言いながら笑顔で食べる仕草をしましょう。また，観覧車が「怖い」と答えた子どもと一緒に「こわーい……！」と震える仕草をしながら，「なんでこんな高いんだ！」「ぶるぶる」「やめて〜」などと，場面に合わせたセリフや擬音語など，様々な表現の方法を伝える機会としましょう。

　ゲームを通して演じることを楽しみながら，言葉や表情，表現の方法を，繰り返し学んでいきます。

国語

算数

各教科等を合わせた指導

11 ひらがなビンゴ

対象 小学部1段階・2段階
（小学校1年）

（髙津 梓）

ゲームの概要

　25文字の平仮名文字チップを5×5のマスの中に並べて行うゲームです。自分や友達のチームが選んだカードの単語を文字チップで作り，チップをはずしたマスが縦横斜めのうちどれかで揃ったら「ビンゴ！」です。

学習のねらい

　2段階相当の子どもは，友達にはっきりと単語や依頼を伝えることや，文字チップを並べて単語を作ること，1段階相当の子どもは，友達の言葉かけを聞いて応じたり，単語を聞いて絵カードを選んだり，単語を声に出すことを繰り返し経験できるようにします。
　【小学部1段階】〈知・技〉ア-(ア)，イ-(イ)　〈思・判・表〉「A聞くこと・話すこと」-ア，イ
　【小学部2段階】〈知・技〉ア-(イ)，イ-(イ)　〈思・判・表〉「A聞くこと・話すこと」-ア，イ

教材・教具

●文字チップ(白)　　●ビンゴカード(マスに色をつける)　　●絵カード　　●単語シート
※マジックテープのループ面を文字チップの裏面に，フック面をビンゴカードと単語シートの
　表面にそれぞれ貼りつける。

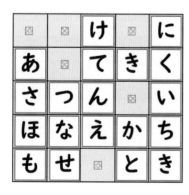

ゲームと学習の流れ

	ゲームの流れ	活動及び評価機会	
		1段階	2段階
1	・チームに分かれて座る（Ⓐ：1段階相当，Ⓑ：2段階相当）		
2	・ビンゴシートに文字チップを貼りつける		
ビンゴシートが完成したところで，絵カードを並べる			
3	・どのカードを取るか決める		
4	・Ⓑ「〇〇をお願いします」とⒶに伝える	■	○
5	・Ⓐ 絵カードを選んで教師に渡し，単語を言う	○	■
6	・Ⓐ 教師から単語シートを受け取る		■
7	・Ⓐ 単語シートを自チームと他チームに配る		■
8	・Ⓑ 単語シートに文字チップを並べる		○
9	・Ⓐ Ⓑ単語シートの単語を声に出して教師に伝える	○	
各チームが順番に取り組む			
10	・文字チップをはずした部分が，縦横斜めのいずれか1列揃ったら「ビンゴ！」と報告する ※すべてはずしたら終わりにするか，何列揃えたら終わりにするかは，時間や子どもの実態に合わせて設定する		

 ## 指導のポイント

　このゲームはビンゴをしながら「単語作り」をする活動のため，単語が必ず作れるように，用意した絵カードの単語分の文字チップを用意するようにします。けれども，単語作りの活動が入ると複雑になるため，初期に数回，単語の文字をはずすだけ（単語シートに並べない）のビンゴをしてから段階的に取り組むのもよいでしょう。また，子どもの実態に合わせて，3×3や4×4のマスにするなど，文字の数を調整することも考えられます。まずは，単語が文字でできていることに気づいたり，それをはずしたり並べたりすることを楽しめるよう，ゲームを通して体験できればよいです。

　ゲームに慣れてくると，次第に縦横斜めが揃うようにどの文字を使うか，どの単語にするかを考えることができるようになる子どももいます。「『い』を取るとビンゴだから，『いぬ』を持ってきて！」なんて話も出てくるかもしれません。

国語
算数
各教科等を合わせた指導

算数

 12 たまいれゲーム

 対象 小学部1段階・2段階・3段階
（小学校1，2年）

（髙津 梓）

 ゲームの概要

　ボールを投げて，かごに入った数を数える「たまいれゲーム」を題材に，チームで得点を競い合いながら数の基礎を学習する活動を行いました。ボールを1つずつ操作しながら数唱をしたり，数を数字で表したり，数字や数詞を確認して半具体物に置き換えたりすることを繰り返し，数唱・数字・具体物を対応させながら数の三項関係を学ぶことをねらいました。

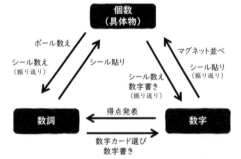

 学習のねらい

小学部1段階　　主に「B数と計算」を扱っている。	
知・技 B－ア－(ア)－ ㋑㋒㋓㋕	1-❶　具体物を操作しながら，1人で5まで，友達や教師と一緒に10までの範囲で数唱をする。 1-❷　数詞を聞き，教師の支援を受けて，同数のマグネットやシールを貼る。
思・判・表 B－ア－(イ)－㋐	1-❸　教師の支援を受けて，ボールの数を数えて数字を2択から選んだり，同じ数のマグネット等を貼ったりして，数を表現する。
学・人	友達との活動に関心をもち，自ら数を用いて表現しようとする。

小学部2段階　　主に「A数と計算」を扱っている。	
知・技 A－ア－(ア)－ ㋐㋑㋒㋓㋔	2-❶　ボールの数を数えて，対応する数詞を発表したり数字を書いたりする。 2-❷　数字を見て，対応する数のマグネットや丸印等を正しく並べる。 2-❸　2つ以上の数を比べて，数の大小を答える。
思・判・表 A－ア－(イ)－㋐	2-❹　玉入れの結果を数詞や数字，半具体物で表現しながら，ゲームの勝敗を判断する。
学・人	結果を数量で表して勝敗が決まる活動に興味をもち，自ら数を用いて表現しようとしたり得点を比較しようとしたりする。

小学部3段階　　主に「A数と計算」を扱っている。	
知・技 A－イ－(ア)－ アイウエオカキ	3-❶　玉入れのチーム結果や，得点差を表す場面を式に表して計算する。 3-❷　和が20までの加法の計算をする。 3-❸　20までの範囲の減法の計算をする。
思・判・表 A－イ－(イ)－ア	3-❹　玉入れの結果を加法や減法を用いて表現し，ゲームの勝敗を判断する。
学・人	結果を数量で表して勝敗を判断する活動に興味をもち，自ら計算をして友達との得点を合わせたり，得点を比較しようとしたりする。

◢ 教材・教具

● 本時の目標や活動の流れを示したスライド
● スライド提示用モニター
● [あると便利] スライド送り用ポインターリモコン
● ボール色違い10個ずつ
　（本稿ではプラスチック製の7cmカラーボールを使用）
● 数え筒
● 玉入れ用かご
● 掲示用グラフシート
● 比べ棒
● 数字カード（1〜10，無地カード）
● カラーマグネット　　● 丸シール
● ワークシート（段階に合わせて下図の3種　左：1段階，中：2段階，中と右：3段階）

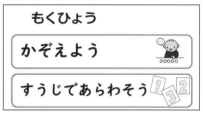

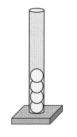
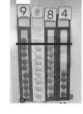

数え筒　　　　比べ棒

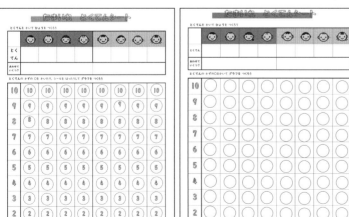
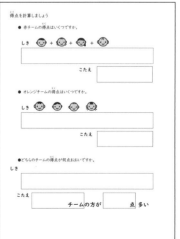

国語

算数

各教科等を合わせた指導

ゲームと学習の流れ

ゲーム活動の流れ	活動及び評価機会		
	1段階	2段階	3段階
玉入れをする			
1 ・順番のチーム（2チーム1人ずつ）は前に出る			
2 ・「3.2.1スタート！」の合図と音楽に合わせ，ボールをかごに入れる			
3 ・音楽が止まったら席に戻る			
得点を数える			
4 ・ボールを見て数を答える（数を直観的に把握する）			
・ボールを筒に入れながら数唱をする	1-❶	2-❶	
・最後の数を再度声に出して個数を確認する（基数性の学習）			
5 ・ボールの数と対応する数字を選んで貼る	1-❸		
・ボールの数と対応する数字を書く		2-❶	
6 ・教師と一緒に数字を読み，同数のマグネットを数唱しながら貼る	1-❶❷		
・数字を見て，同数のマグネットを貼る		2-❷	
7 ・ボールの数を発表し，「（数字）です。いいですか」と確認をする			
8 ・あっていたら，「いいです」やジェスチャーで応じる			
※玉入れ，得点数えを全チーム分繰り返す			
ワークシートに取り組む			
9 ・掲示を見て，ワークシートに得点を書き入れる			
10 ・数字を指さしながら，教師を模倣して数詞を声に出す	1-❶		
同数のシールを受け取り，教師と数唱をしながら貼る	1-❷		
シールを指さしながら数え，数を声に出しながら数字を指さす	1-❸		
・得点と対応した数をシールや丸で表し，積み上げグラフを作る		2-❷	
11 ・チームの合計得点を計算する			3-❶❷
12 ・チームの得点差を計算する			3-❶❸
結果発表			
13 ・各チームのグラフを見て，1番多い数を確認する		2-❸	
14 ・チームごとに得点の多い友達を発表し，表彰する		2-❹	3-❹
15 ・チーム得点を計算し，発表する			3-❶❷
16 ・チーム全員のマグネットやワークシートの印を数えて得点を確認する		2-❶	
17 ・優勝チームを発表し，表彰する		2-❹	3-❹
18 ・チームの得点差を計算し，発表する			3-❶❸
19 ・2チームのマグネットを直線に並べ，差の数を数える			
20 ・感想や，次回がんばりたいことを発表する			3-❹

表内の目標に対応する活動で見られた姿について，以下の基準で評価をしました。

評価レベル	観察された姿
1	・行おうとしない　　・機会なし
2	・身体ガイダンス等を受けて教師と一緒に行う
3	・教師のモデルを模倣して行う
4	・教師の促し（問いかけやジェスチャーなど）を受けて行う
5	・自発的に取り組む　　・自発的に答える

指導のポイント

【全体の流れ】

　モニターに映したスライドでルールやそのときにやることを視覚的に伝え，段階の違う子どもを同じチームにし，実態に合った役割を担いながら集団で活動することで一連の流れが成立するように設定します（「まとあてゲーム」p.89を参照してください）。

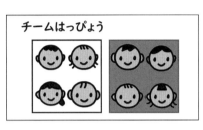

【ゲームの要所：玉入れをする】

　玉入れのかごは，マグネットクリップを使って，ホワイトボードまたは黒板の左右につけます。子どもの身長やボール投げのスキルに応じて，高さやかごの開きを調整し，なるべく多くボールが入るようにしましょう。ボールがたくさん入っていたほうが，数を数える学習になります。

　玉入れの時間は音楽で示し，鳴ったら開始，止まったら終了というようにします。子どもごとのかごに入っているボールの状況を見て音楽の長さを変え，よい勝負になるように調整します。

　一度に玉入れに取り組む子どもは，１チーム１人ずつでもよいですし，２人ずつ計４人が前に出て，ペアで協力して取り組むようにしてもよいです。その場合，段階の違う子どもをペアにするようにして，この後の得点を数える学習は各目標に合わせて分担して取り組むようにします（筒に入れながら数えて数字を選ぶのは１段階の子ども，数字を見てマグネットを並べるのは２段階の子ども，というように）。ボールを数えるときに，右写真のように手渡しながらやることで，共同（協同）学習的な活動を設定することもできます。

【ゲームの要所：ボールを数えて数字で表す】

　ボールの数を数えて，具体物から数詞，数詞から数字へと対応させていく学習機会です。

　ここで１つ１つ数える前に，３段階相当の子どもについては，かごの中のボールを見ておよその数を答える学習機会を設けます。集合数を直観的に把握することができるようになると，数の把握が早くなり，２飛びや５飛びなど，物をまとまりで数えられるようになります。

　その後，透明アクリルパイプで作成した数え筒を使って，全員がボールを１つずつ数えるよ

国語

算数

各教科等を合わせた指導

うにします。２段階，３段階の子どもには簡単な学習に見えますが，それを見ている１段階の子どもが学習する機会となることに加えて，ものと数とを一致させ，友達とタイミングを合わせてゆっくりと数える活動が，社会性を育む学習機会ともなります。

　子どもが１つ１つ操作をしながら数える横で，MT（メインティーチャー）は同時に指数字を示し，ボールを操作している以外の子どもも一緒に数えるよう促します。また，基数性（具体物に数を１つずつ対応させていき，最後に対応させた言葉が，その具体物の集合の数量を表すということ）を学習するよう，「１.２.３…６」と最後のボールを入

れたときの数詞を強調し，再度教師が筒のボールをさしながら数え，「６」「６個ですね」とていねいに確認をするようにします。

　数詞を確認した後に，数字を書いたり数字カードから対応する数字を選んだりしてグラフシートの上に表します。数字カードの選択肢は実態に合わせて２択〜10択で提示し，間違ったものを選ぶ前に正しいものを選べるよう，数詞を伝えながら正しい数字がある範囲をぐるりとさし示す，その数字をさす，などの段階的な支援をします。選んだら，「そうですね，６ですね」と数字をさしながら確認をしましょう。

【ゲームの要所：数字を見て数をマグネット等で表す】

　グラフシートの数字を確認して，対応する数のマグネットを積み上げ形式で貼る，数字と具体物を対応させる学習機会です。ホワイトボードで１人ずつ取り組んだ後，ワークシートで再度取り組んで，目標に応じた学習を積み重ねます。

　１段階の子どもには，ちょうどの数のマグネットを渡し，教師が一緒に数えながら貼ります。最後の１つのマグネットを貼る際に「６」と数詞を強調して伝え，数字を一緒にさすようにします。

　２段階の子どもには，多めの数のマグネットを渡し，数えながら貼るように促します。最後のマグネットを貼った後に，さらにマグネットに手を伸ばす素振りが見られたらその手をさりげなく制止し，「そう，６ですね」と数字をさしながら伝えます。間違えてから修正するのではなく，正しい個数分を貼ることができた経験を重ねていきましょう。

　ワークシートでは，マグネットの代わりに丸シールを貼

ったり丸を書いたりして表すようにします。ここでも，１段階の子どもにはちょうどの数のシールを渡すなど，マグネットで行ったことと同様の支援を行います。ワークシートのグラフが完成したら，チームごとに誰が１番多いか少ないか確認したり，３段階の子どもはさらに計算に取り組んだりします。

【ゲームの要所：得点計算とまとめ】

　それぞれのワークシートが完成したところで，再度全体に戻って結果発表をします。グラフシートで得点を比較し，最初はチーム内で誰の得点が多いかを答えるように促し，マグネットの高さを比べながら，確認をします。「（数詞）の方が（数詞）より多い」と「多い」「少ない」「同じ」という言葉をゆっくり強調しながら伝えましょう。

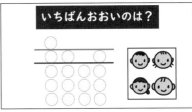

　次は，チームの合計得点で競います。３段階相当の子どもに，ワークシートで確認したたし算をもう一度前でやること，２段階相当の子どもにチーム全員のマグネットを数えることを促し，答え合わせをします。数字が揃ったところで子どもたちにどちらが多いかを問いかけ，回答が出た後，教師がゆっくり数えながらマグネットを横に並べ直し，全体で「多い」「少ない」を確認します。さらに，並べたマグネットを見ると，チーム間の差がいくつであるかがわ

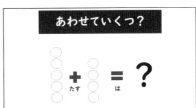

かること，これをひき算で表すことができるということを，子どもの実態に合わせて伝えていきます。

　結果発表後の振り返りでは，目標について教師が評価することに併せて，子ども自身ががんばったことや気持ち，次にどんなことを工夫したいかなどについて表現する発表場面を設けます。学びを振り返り，次への目標をもつための学びに向かう力を育む機会になると考えます。

算数

各教科等を合わせた指導

国語

算数

 13 かたちさがしだいさくせん！

 小学部1段階・2段階・3段階
（小学校1，2年）

（鴫原　初穂）

ゲームの概要

　図形片やイラストの中から丸・三角・四角を探し出したり，複数の図形を組み合わせて特定の形を作り出すミッションに取り組んだりしました。探し出したり組み合わせたりする中で，形に触ったり観察したりする機会を豊富に設け，形の特徴を捉え，理解することをねらいとしました。また，意欲的に取り組むことができるよう，探し出した個数やクリアしたミッションの数を表やグラフに表し，数を競うことによって，ゲーム的な要素を盛り込みました。

学習のねらい

小学部1段階	主に「C図形」「B数と計算」を扱っている。	
知・技 C－ア－(ア)－①，⑦ B－ア－(ア)－⑦	1-❶　見本の図形片やかごに入れた図形片と同じ形の図形片を作業台に置いた複数の図形片の中から見つけ出す。 1-❷　教師の指さしやマグネットを貼る動作に合わせて数唱する。	
思・判・表 C－ア－(イ)－⑦	1-❸　図形片を見たり触ったりして，図形片の形を捉える。	
学・人	自分から様々な色や形の図形片を手に取ったり，形に違いがあることに気づいて形探しゲームに取り組んだりしようとする。	

小学部2段階	主に「B図形」「A数と計算」「Dデータの活用」を扱っている。	
知・技 B－イ－(ア)－⑦ A－ア－(ア)－①	2-❶　大きさや色など属性が異なる身の回りのものイラストカードの中から，形の属性に着目して，見本と同じ形のものを2種類以上見つけ出す。 2-❷　イラストカードやマグネットの個数を正しく数え，数字で書き表す。	
思・判・表 B－イ－(イ)－⑦ D－イ－(イ)－⑦	2-❸　身の回りのものイラストカードと見本の形シートを見比べて，見本と同じ形のものを見つけ出す。 2-❹　マグネット磁石のグラフの高さを比べて，多い少ないを判断する。	
学・人	丸・三角・四角といった形に種類があることや形で分けることに興味をもち，自分から形探しゲームに取り組もうとする。	

小学部3段階	主に「B図形」「Dデータの活用」を扱っている。
知・技 B－ア－(ア)－⑦ D－ア－(ア)－⑦	3-❶ 三角や四角の図形カードの辺と辺をぴったり合わせて形を作る。 3-❷ 得点表や磁石グラフを見て，全員の順位や得点を読み取る。
思・判・表 B－ア－(イ)－⑦⑦ D－ア－(イ)－⑦	3-❸ 図形カードを組み合わせて，ミッションで示された形を作る。 3-❹ 身の回りにあるものを思い浮かべ，そのものの形を考える。 3-❺ 全員の得点を棒グラフで書き表す。
学・人	形を構成することや身の回りのものを形で捉えることの楽しさを感じ，自分から次々と形ミッションに取り組もうとする。

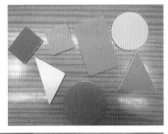

🔺 教材・教具

● 図形片（見本用（黒）・ゲーム用（カラフル））
● 見本の形シート
● 身の回りのものイラストカード
● タブレット（PowerPoint）
● 図形カード
● タイマー
● ホワイトボード（得点表・磁石グラフ）
● カラーマグネット
● 数字カード
● ワークシート（表・グラフ）

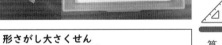

形さがし大さくせん

名前：
日付：

○表にしよう

名前	1	2	合計

○グラフにしよう

名前			

ゲームと学習の流れ

ゲーム活動の流れ		活動及び評価機会		
		1 段階	2 段階	3 段階
形探しゲームをする（1人ずつ複数回取り組む）				
1	・順番の人は前に出る			
2-1-①	・探し出す形を見本の図形片の中から自分で選んで決める	1-❸		
2-1-②	・見本の形を見たり触ったりしながら，同じ形を探し出す	1-❶		
2-1-③	・探し出した図形片をかごに入れる（②と③を繰り返す）	1-❸		
2-1-④	・タイマーが鳴ったら手を止める			
2-1-⑤	・かごに入れた図形片をすべて黒板に貼る			
2-1-⑥	・黒板に貼った図形片が見本と同じ種類の形か全員で確認する			
2-1-⑦	・教師が黒板に貼った図形片を指さすのに合わせて，数唱する	1-❷		
2-1-⑧	・数唱した最後の数と同じ数字カードを表に貼る			
2-2-①	・探し出す形を見本の形シートから自分で選んで決める			
2-2-②	・見本の形シートと同じ形のものを，身の回りのものイラストカードの中から探し出す		2-❶ 2-❸	
2-2-③	・探し出した図形片をかごに入れる（②と③を繰り返す）			
2-2-④	・タイマーが鳴ったら手を止める			
2-2-⑤	・かごに入れたイラストカードをすべて黒板に貼る			
2-2-⑥	・黒板に貼ったイラストカードが見本と同じ種類の形か確認する			
2-2-⑦	・黒板に貼ったイラストカードの個数を数え，個数を表に書く		2-❷	
2-3-①	・タブレットでミッションスライドのファイルを開く			
2-3-②	・ミッションに必要な図形カードを見つけ出す			3-❹
2-3-③	・黒板に図形シートを（組み合わせて）貼る（②と③を繰り返す）			3-❶
2-3-④	・タイマーが鳴ったら手を止める			3-❷
2-3-⑤	・黒板に貼ったものがミッションに合っているか自分で確認する			
2-3-⑥	・達成したミッションの数を数え，表に書く			
得点を数える				
3-1	・教師がマグネットを貼るのに合わせて，数唱する	1-❷		
3-2	・表の数と同じ個数のマグネットを縦に貼る		2-❷	
3-3	・表を見て，ワークシートに棒グラフを作成する			3-❺
4	・縦に貼ったマグネットの個数を数え，表に合計得点を書く		2-❷	
5	・グラフを見て，最も多い人を答える		2-❹	3-❷
6	・優勝者の発表を聞き，優勝者は教師とハイタッチする			

表内の目標に対応する活動で見られた姿について，以下の基準で評価をしました。

評価レベル	観察された姿
1	・行おうとしない　　・機会なし
2	・身体ガイダンス等を受けて教師と一緒に行う
3	・教師のモデルを模倣して行う
4	・教師の促し（問いかけやジェスチャーなど）を受けて行う
5	・自発的に取り組む　　・自発的に答える

指導のポイント

【ゲームの導入】

　最初に丸・三角・四角の形の特徴を確認する活動を行います。ゲームで使う図形片を示し，一人一人が触れる機会を設けながら，形やその名前を確認していきます。その後，三角や四角に切った大型のプラ板やフラフープなどに触って形の特徴をつかんでいきます。上半身ぐらいのサイズのプラ板やフラフープを用いることがポイントです。手や腕，時には頭や腰で触れることによって，形の特徴を視覚や指先だけでなく，身体感覚でも捉えることができます。

　友達や教師と手をつないで，形を表現することも有効です。体を動かして体験的に学習することによって，形の特徴の定着を図ります。この際に，子どもの実態に応じて，形を表現する際に必要な人数と辺の数，頂点の数，形の名前の関係に気づくことができるように，「さん角形は3人いると作れるね！」などと言葉をかけるようにしましょう。

【ゲームの要所：1段階を主に学ぶ子どもの形探し】

　このゲームでは，同じ形探しという共通のテーマに取り組みながら，探し出すものや出題の仕方を実態に応じて変えています。1段階を主に学ぶ子どもは，形にたくさん触ることを中心に据え，厚みのある図形片に触りながら，見本と同じ種類の形を探すことに取り組みます。

　最初に，丸・三角・四角の見本の図形片に触りながら，探し出す形を子どもが自分で決めるようにします。ゲームの中では，見本と異なる形を手に取ることもありますが，形にたくさん触ることが大切ですので，その姿も称賛しましょう。何度も繰り返して見本と異なる形のものばかり手に取るときは，形の特徴に気づくよう問いかけや指さし等の支援をしましょう。

　子どもが黒板に図形片を貼る際は，子どもが貼るのに合わせて教師が数唱しましょう。子どもが数唱する際の手本を事前に示すことができます。

算数

【ゲームの要所：2段階を主に学ぶ子どもの形探し】

　2段階を主に学ぶ子どもは，形に着目し，食べ物や日用品などの身の回りのものイラストカードから，見本と同じ種類の形のものを探すことに取り組みます。

　探し出す形は，見本の形シートの中から選んで自分で決めるようにします。どの形を探すのかそのつど思い出すことができるよう，選んだ形シートは，イラストカードを入れるかごにあらかじめ入れておきます。

　イラストカードの形に着目することが難しい場合は，イラストに形の輪郭を描き込んでおいたり，形の輪郭に沿って切っておいたりする工夫をしましょう。慣れてきたら，トライアングル（角が丸みをおび，一部が切れている）などを取り入れてもよいでしょう。また，イラストカードは，同じイラストカードを2枚用意しておくようにしましょう。1枚取って探すのをやめようとする子どもに，「同じものがもう1枚あるよ」などと言葉かけをすることで，繰り返し探すということができるようになります。言葉かけに応じて，同じカードを2枚取ることができた子どもには，取ったカードと他のカードを交互に指さしながら，「丸を見つけたね。あれ？　他にも丸がありそう。似ているものを考えてみよう！」などと言葉かけすることで，他のものの形を考えるきっかけを生み出すことができるでしょう。

【ゲームの要所：3段階を主に学ぶ子どもの形ミッション】

　3段階を主に学ぶ子どもは，身の回りのものの形を思い浮かべて，当てはまる図形を考えたり，複数の図形を組み合わせて形を構成したりする形ミッションに取り組みます。

　ミッションは Power Point を使って，タブレット端末で表示するようにしました。印刷したものでもできますが，タブレット端末を使うことによって机上がすっきりとし，ゲームの活動に気持ちが向きやすくなります。また，Power Point を使うことによって，子ども自身が必要に応じてヒントを参照することができるよう，スライドの「ヒント」という箇所をタップする

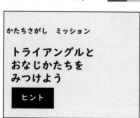

と，アニメーションでヒントの画像が表示されるような工夫をすることもできます。

　形の構成のミッションとしては，「四角を4枚使って四角を作る」というものや，「三角を4枚使って長四角を作る」「長四角でも真四角でもない四角を作る」など，子どもの実態や課題

に応じて難易度を調整するとよいでしょう。

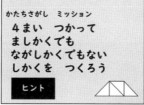

【ゲームの要所：得点を数える～まとめ】

　得点の数え方も子どもそれぞれの実態に応じて工夫して行います。１段階の子どもは，教師がマグネットを貼るのに合わせて数唱することを目標にして行いますが，自分で貼った方が数唱しやすいのであれば，そういった方法で行ってもよいでしょう。２段階の子どもは，数字を見る→マグネットを貼る→合計を数える→数字で表すという流れで合計得点を数えることにより，数字と数詞とものの集まりの三者を対応して学ぶ機会を設定することができます。３段階の子どもに対しては，数字で示したものを「得点表」などと伝え，マグネットを縦に並べて表すことを「磁石グラフにする」などと呼びながら，得点を比べることによって，表・グラフという名称やその機能について学ぶ機会を設定することができるとよいでしょう。

【ワンポイント】

　３段階の子どもには，ゲームで取り組んだ算数の内容を振り返るという意味で，ワークシートを使って得点を表やグラフで表す活動が有効です。実態によっては２段階の子どももワークシートを用意してもよいでしょう。

　また，子どもによっては，算数の内容よりも，ゲームの勝ち負けに意識が強く

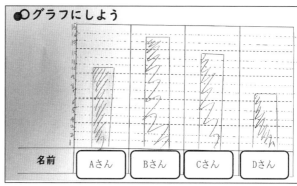

向くことも考えられます。ワークシートがあることで，勝ち負けではなく，表やグラフなどで表すことができたことを評価する機会をより多く設定することができます。算数の内容に取り組んだことを評価できる機会を増やし，勝ち負け以外にも楽しみを設定するという意味でも，ワークシートの活用は有効でしょう。

国語

算数

各教科等を合わせた指導

14 レールつなぎゲーム（ながさ）

対象　小学部1段階・2段階・3段階
（小学校1，2年）

（髙津　梓）

ゲームの概要

　レール玩具のレールを繋ぐ「レールつなぎゲーム」を題材に，長さを表す言葉やその特性を知る活動を行いました。

　時間内に繋げられたレールを直接比較し，「長い」「短い」の言葉を使って表現する学習を繰り返します。また，レールの端を合わせて並べるといった直接比較，ひもを使うなどの間接比較，レール部品の数などの任意単位による比較，ものさしやメジャーを使う直接測定など，長さを比較する方法を知ることで，状況に応じて比べる方法を提案する機会も設定しています。2つの長さの比較ができるようになったら，3つ以上の長さを比較し，順番を表現する学習を取り入れることができます。

学習のねらい

小学部1段階　　主に「D測定」を扱っている。	
知・技 D－ア－(ア)－⑦⑦	1-❶　「どちらが長い（短い）？」という問いに対し，どちらかを指す。 1-❷　教師の支援を受けて，「長い」「短い」の用語で表現する。
思・判・表 D－ア－(イ)－⑦	1-❸　長さの異なる2つのものを交互に見たり，近づけたりして比べようとする。
学・人	友達との活動に関心をもち，自らレールを繋げたり量を比べたりする。

小学部2段階　　主に「C測定」を扱っている。	
知・技 C－ア－(ア)－⑦⑦⑦	2-❶　「どちらが長い（短い）？」という問いに対し，正しい方を指さす。 2-❷　2つのものの一方を指さし，「長い（短い）」と表現する。
思・判・表 C－ア－(イ)－⑦	2-❸　「長い」「短い」という用語を聞き，長さの異なる2つのものを交互に見たり近づけたりして比べようとする。
学・人	長さの比較で勝敗が決まるゲーム活動に興味をもち，レールを長くしようとしたり，自分から長さを比べようとしたりする。

小学部3段階	主に「C測定」を扱っている。
知・技 ／ D－ア－(ア)－㋐㋑	3-❶ 異なる長さの2つ以上のものを，端を揃えて並べ，長さを比較する。 3-❷ レール部品や身近なものの個数で長さを表現し，比較する。 3-❸ 直接比較，間接比較，任意単位による測定をし，「こちらの方が長い（短い）」と表現する
学・人	長さの比較で勝敗が決まるゲーム活動に興味をもち，自分から長さを比較する方法を提案したり，自分のチームの長さから「長い（短い）方の勝ちがいい」などと勝敗の基準について表現したりする。

◢ 教材・教具

- 本時の目標や活動の流れを示したスライド
- スライド提示用モニター
- [あると便利] スライド送り用ポインターリモコン
- レール玩具のレール
- [お楽しみ用] レール列車2台
- ビニールひも・メジャー・ものさしなどの比較ツール
- 「長い」「短い」くじボール（長い，短い，2番目に長い，3番目に長い　など）
- くじ箱
- 勝敗表示用カラーマグネット（ポイントマグネット）
- 数字カード（1～5）
- マスキングテープ

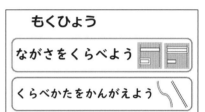

「長い」「短い」くじボール
とくじ箱

算数

各教科等を合わせた指導

ゲームと学習の流れ

ゲーム活動の流れ	活動及び評価機会		
	1段階	2段階	3段階
レールを繋げる			
1 ・順番の子ども（各チーム2人ずつ）は前に出る			
2 ・見学者の「3.2.1スタート！」の合図に合わせ，レールを繋げる			
3 ・音楽が止まったら手を止めて席に着く			
長さを比べる（各段階に合わせて支援し，1人2回以上機会があるように指名する）			
4 ・長さの比べ方を考えて伝えたり，動作で表現したりする『どうやって比べる？』			3-❶ 3-❷
・長さの違うレールを見たり触れたりする	1-❸	2-❸	
5 ・長さを比べて，「これが一番長い（短い）」と正しく言う			
・「○番目に長い（短い）」ものを正しく選んで伝える			3-❸
・教師の「長い（短い）のはどれ」の発問に，2択から正しい方を指さす		2-❶	
・長い方を指さして「こっちのほうが長い」と言う		2-❷	
・短い方を指さして「こっちの方が短い」と言う			
・教師の発問を聞き，レールを見たり指さしたりする	1-❶		
・教師の言葉を模倣して「長い」「短い」と言う	1-❷		
6 ・教師の説明を聞く『こっちが一番（●番目に）長い（短い）ですね』			
勝敗を決める			
7 ・ボールくじを引く（代表者）			
8 ・ボールくじを読み上げる	1-❷		
・ボールくじに書いてあった基準（「長い」「短い」等）のものを選ぶ	1-❶	2-❶	
9 ・「これが『長い』です」と発表する	1-❷	2-❷	
10 ・基準にあてはまったレールを作った人のチームに，ポイントマグネットを貼る ※「レールを繋げる」～「勝敗を決める」まで，レール繋ぎを1人2～3回できるように繰り返す			
結果発表			
11 ・マグネットの数を数えて数字カードを選んで貼る			
12 ・各チームの得点を見て，「多い」方を答える			
13 ・優勝チームの発表を聞く			
14 ・感想や次回がんばりたいことを発表する			

表内の目標に対応する活動で見られた姿について，以下の基準で評価をしました。

評価レベル	観察された姿
1	・行おうとしない　　・機会なし
2	・身体ガイダンス等を受けて教師と一緒に行う
3	・教師のモデルを模倣して行う
4	・教師の促し（問いかけやジェスチャーなど）を受けて行う
5	・自発的に取り組む　　・自発的に答える

指導のポイント

【全体の流れ】

　「たまいれゲーム」と同様に，モニターに映したスライ
ドでルールややることを視覚的に伝えます。チーム構成に
ついては，段階にはこだわらず，レールを繋ぐスピードの
速さが違う子どもを組み合わせて調整します。

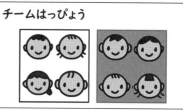

　このレール繋ぎゲームでは，３時数程度繰り返して実施
し，子どもの学習を積み重ねていきます。最初のうちはチームの子どもが協力して１本のレー
ルを繋げ，２つのものを比べるようにします。２つのものの比較ができる子どもが多い場合は，
１人１本ずつのレールを繋いで，複数のものを比較する学習に移行していきます。

【ゲームの要所：レールを繋げる】

　レール繋ぎの活動は，２チーム２人ずつの計４人が一斉
に行うくらいがちょうどよいです。見学している子どもは，
「３．２．１スタート」の合図や，同じチームの子どもの
応援をするようにします。

　レールを繋げる時間を音楽で示し，鳴ったら開始，止ま
ったら終了というようにします。子どもの状況に応じて，
よい勝負になるよう，また，レールを繋げられた！という
タイミングを見て，音楽の長さを調整します。

　これまでの生活経験や手指の巧緻性の違いにより，レー
ルをスムーズに繋げられる子どもと，支援が必要な子ども
がいますので，ST（サブティーチャー）がそこを支援し
ます。結果として，できるようになる場合も多いですが，
今回は１人で繋げるスキルを高めることが目的ではありま
せん。「長くなってきたね」「もう〇個も繋がっているね」
など，楽しい雰囲気で取り組めるように支援しながら，レ
ールが繋がって長くなっていくことに気づくように促しま
す。

　後述のように，このゲームの勝敗は「長いと勝ち」では
ありません。そのため，活動を重ねていくと，「今回はこのくらいにしておく」「〇〇さんより
短くする」と，周りを見て長さを調整しようとする子どももいます。これも学びを生かしてい
る姿の１つとして評価していきたいです。

国語

算数

各教科等を合わせた指導

【ゲームの要所：長さの比べ方を考える】

　時間内に繋いだレールの長さを比べて「長い」「短い」と表現したり，「長い」「短い」の言葉を言ったり聞いたりしながら，対応する長さのレールを選択したりする学習機会です。

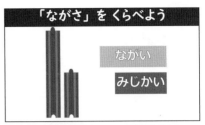

　繋いだまま置かれたばらばらのレールを見て，「長いのはどれかな？」と発問します。「これ」と指さして答える子どもには，「なるほど，そう思うんだね」と答えながら，全体に「どうやって確かめようか」「どうやったら比べやすい？」と発問します。これまでの学習で鉛筆の長さ比べなどを行っている場合を除き，初回は子どもからのアイデアは出てこないことが多いです。

　床にマスキングテープを貼ってラインを作り，例えば１段階相当の子どもを呼んでラインに合わせてレールを揃えてもらいます。「なるほど，端を揃えると比べやすくなるね！」と，全体に向けて直接比較の方法として伝えます。また，こちらも子どもと一緒にビニールひもを合わせ，「ひもで長さを写し取ることで，比べることができるね」と，間接比較の方法を伝えます。

　さらに，２段階相当の子どもを呼んで，「これ，いくつあるかなぁ……」とさりげなくレールを数えることを促します。子どもが数えた数字を紙に書いてレールの上に置いていき，「なるほど，レールの長さが全部同じだから，レールの数を比べると，長さが比べられるね！」と，全体に向けて任意単位を使った測定の方法として伝えます。ものさしやメジャーを使った普遍単位による比較の方法についても触れてもよいかもしれません。

　ただし，これらの比べ方の学習機会は，子どもの実態に合わせて段階的に組み込み，子どもが見聞きするだけの時間や待ち時間が長くならないように配慮が必要です。

　再度，レールの位置をばらばらに戻して，「○○さんはどうする？」とその他の子どもを指名します。比べ方を再現するよう促しながら，３段階相当の子どもを中心に自分から比べ方を伝えられるように機会設定と支援を繰り返していきます。

【ゲームの要所：長さを比べて表現する】

　比べ方を確認したら，端を整えた状態にして「さて，問題です」と子どもを指名します。「長いのはどれ？」「短いのはどれ？」と尋ね，子どもが指さしをしながら，「長い」「短い」「こっちの方が長い（短い）」と，段階に合わせて言葉で表現したり模倣したりするように促します。「そうだね，『こっちが，長い（短い）ね』」と，長さを表す言葉（長い，短い）の部分をゆっくり強調して，全体に向けて伝えます。

このとき，子どもの実態に応じて「2つのものを比べる」「2つ以上のものを比べる」ように調整しましょう。3つ以上のものになると途端に難しくなります。4本のレールがある場合，1・2段階相当の子どもには，そのうち2本を抜き出して比べるように促し，3段階相当の子どもには，4本を見て「〇番目に長い（短い）」を考え

る機会とします。比べるものが変わると長短の表現が変わることを伝えながら，子どもが「わかった」「できた」を積み重ねられるように支援していきます。

【ゲームの要所：「長い」が勝ちとは限らない】

長さを比較した後は，勝敗の発表です。このゲームは「長い」だけでなく，「短い」にも着目してもらいたいため，勝敗はボールくじを引いて出てきた「基準」で決まるようにします。ボールくじを引いた子どもが，そこに書いてある「1番長い」「2番目に長い」「1番短い」などの基準を読み上げたら，あてはまるレールを繋げた人のいるチームに，ポイントマグネットが1つつきます。

ここまでの流れを繰り返したところで，最後は結果発表です。集まったポイントマグネットの数を数えて（1段階相当の子どもにお願いしましょう），多く集めたチームの優勝です。

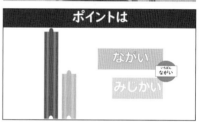

授業の最後は，勝負の印象が強く残っているので，改めて目標を提示し，それぞれの子どもができたことを称賛しながら学習の振り返りをし，次に繋げましょう。

【おまけのお楽しみ】

せっかくレールを繋げたので，列車を同時に走らせてみましょう。「レールの長さが長い（短い）方が走っている時間も長い（短い）ですね」という話をすると，興味をもつ子どももいます。ただし，電池の消耗によって列車のスピードが変わることもあるので，ご注意ください。

国語

算数

各教科等を合わせた指導

算数

15 じんとりゲーム（ひろさ）

対象 小学部1段階・2段階・3段階
（小学校1，2年）

（田中　翔大）

 ゲームの概要

　9つに区分けされたビニールシートに，じゃんけんをして勝ったチームがシートを1枚ずつ敷いていくゲーム活動を通して，広い・狭いの用語を覚えたり，広さの量の比べ方を考えたりする学習を行いました。シートの中に実際に入ることで，「1枚には1人しか入れないね」「こっちは6人くらい入れそう」などと体感しながら，広い・狭いに触れる機会としました。さらに，広さを調べる際には，同じシートをまとめた方がわかりやすいこと，シートの数を数えて比較するとよいことなど，各々の段階に応じた比較の仕方で楽しみながら取り組みました。

 学習のねらい

小学部1段階　　主に「D測定」を扱っている。	
知・技　　　　　　D－ア－(ア)－⑦⑦	1-❶　シートの敷かれていない陣地の枠に沿って，シートを敷く。 1-❷　教師や友達と一緒に，同じ色であるチームのシートを揃える。
思・判・表　　　　D－ア－(イ)－⑦	1-❸　チームの陣地に入り，教師と一緒に広い・狭いと表現しようとする。
学・人	友達との活動に関心をもち，陣地にシートを敷いたり，広さを比べたりする。

小学部2段階　　主に「C測定」を扱っている。	
知・技　　　　　　C－ア－(ア)－⑦⑦⑦	2-❶　「どちらが広い（短い）？」の問いに対して，正しい方を指さす。 2-❷　相手チームを基準とし，自分のチームが，広いか・狭いかを答える。 2-❸　ボールくじを引き，引いた文字を読んで答える。
思・判・表　　　　C－ア－(イ)－⑦	2-❹　同じ色のシートを揃えることで比較しやすいことがわかり，揃えて比べようとする。
学・人	広さの比較で勝敗が決まるゲーム活動に興味をもち，シートを揃えて敷いたり，自ら広さを比べようとしたりする。

小学部3段階　　主に「C測定」を扱っている。	
知・技	3-❶　端から同じ色のシートを揃え，広さを比較する。
D－ア－(ア)－㋐㋑	3-❷　自分のチームのシートの数を調べ，相手のチームの数と比較する。
思・判・表	3-❸　調べた数を比較し，「こちらの方が広い（狭い）」と答えて表現する。
C－ア－(イ)－㋐	
学・人	広さの比較で勝敗が決まるゲーム活動に興味をもち，自ら調べ方を提案したり，数を数えたりして比較し，自分のチームの広さから「広い（狭い）方の勝ちがいい」などと勝敗の基準について表現する。

教材・教具

●本時の目標や活動の流れを示したスライド

●スライド提示用モニター

●[あると便利] スライド送り用ポインターリモコン

●下地になる9つに区分けされたビニールシート

●下地と色の違うビニールシート2種類（下地と同じ広さのシートを9つに裁断したもの）

●じゃんけん札

●「広い」「狭い」くじボール

●くじ箱

●勝敗表示用カラーマグネット

●数字カード（1〜5）

●[事前の学習にあるとよい] 衝立3〜4枚

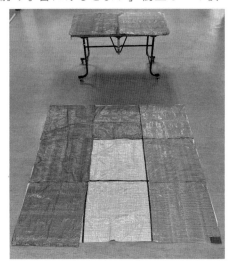

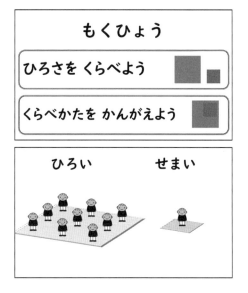

ゲームと学習の流れ

ゲーム活動の流れ	活動及び評価機会		
	1 段階	2 段階	3 段階
シートを敷く			
1　・順番の子ども（各チーム1人ずつ）は前に出る			
2　・じゃんけんをする 　　（じゃんけんが難しい子どもは，じゃんけん札を持つ）			
3　・勝った方のチームがシートを敷く	1-❶		
4　・下地シートがすべて埋まるまで，1〜3を繰り返す			
広さを比べる			
5　・発問『どちらが広い（狭い）？』『どうやって比べる？』を聞き， 　　比べ方を考える	1-❸	2-❹	3-❶ 3-❷
6　・同じ色のシートを揃える	1-❷	2-❹	3-❶
・同じ色のシートの数をそれぞれ数える			3-❷
7　・シートの数を比較し，「こちらの方が広い（狭い）」と言う		2-❶	3-❷
・発問『どちらが広い（狭い）？』を聞き，正しい方を指さし等で選 　　択する		2-❷	3-❸
・自分のチームが広いか・狭いかを答える			
・自分のチームのシートに入り，教師の言葉を模倣して広い・狭いと 　　発表したり，体で表現したりする	1-❸		
勝敗を決める			
8　・ボールくじを引く			
9　・ボールくじを読み上げる		2-❸	
10　・ボールくじに書いてある，広い・狭い方を選んで答える		2-❶	
・「こちらが広い（狭い）です」と発表する		2-❷	3-❸
11　・ボールくじに書かれていた方のチームに，ポイントマグネットが与 　　えられる			
結果発表			
12　・マグネットの数を数えて，数字カードを貼る			
13　・数字カードを見て，多い方を答える			
14　・優勝チームの発表を聞き，表彰される			
15　・感想や，次回がんばりたいことを発表する			

表内の目標に対応する活動で見られた姿について，以下の基準で評価をしました。

評価レベル	観察された姿
1	・行おうとしない　　　・機会なし
2	・身体ガイダンス等を受けて教師と一緒に行う
3	・教師のモデルを模倣して行う
4	・教師の促し（問いかけやジェスチャーなど）を受けて行う
5	・自発的に取り組む　　　・自発的に答える

◢ 指導のポイント

【事前の学習】

　広い・狭いは日常生活でよく使う言葉ですが，相対的な
ものなので判断が難しい内容でもあります。なので，ゲー
ムの導入として「広い」「狭い」の言葉を使いながら，体
験的に学ぶ機会を取り入れると効果的です。特に，空間的
な広さについても経験できるように，衝立などを用いて簡
易的に場所を区切り，開けたり閉めたりすることを通して，
空間的な広がりの感覚と言葉の一致を図ります。また，
「2人しか入れないね」「教室には10人いるよ」などの発言
を通して，人数を手がかりとして比べる方法についても触
れます。

【全体の流れ】

　前項「レールつなぎゲーム」と同様に，モニターに映し
たスライドでルールややることを視覚的に伝えます。チー
ム構成については，段階の違う子どもを同じチームにし，
実態に合った役割を担いながら集団で活動することで一連
の流れを進行していきます。

【ゲームの要所：シートを敷く】

　チームごとに教室の左右へ分かれ，中央にビニールシートを敷きます。順番の子どもは，ビ
ニールシートを挟んでじゃんけんをし，勝ったらシートを敷くという流れを繰り返します。子
どもの実態にもよりますが，なるべく1回ずつ交代しながら行うことで，様々なシートの配列
バリエーションをつくることができます。最初に真ん中にシートを敷こうとする子ども，同じ
色のシートを端から順番に並べようとする子ども，敷く場所を考える姿も尊重します。マスに
揃えて敷くことが難しい子どもは，段階の違う友達と協力して空いている場所を探し，一緒に

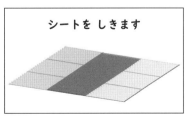

敷くことも大事な学習です。また，じゃんけんに関しての負担がないように，じゃんけん札を
選んで出すことで勝敗を決めてもよいこととします。

【ゲームの要所：広さの比べ方を考えよう】

　9つのシートを敷き終わったところで，1回戦終了です。広さ比べの活動へと移ります。最
初の『どちらが広い（狭い）かな？』という発問に対して，
【事前の学習】を踏まえて，「こっち（自分のチーム）が，
広い」などの発言が多くあると思います。実際，「○チー
ム7枚，△チーム2枚」など，見た目にも明らかな場合は，
直感で答えることができるものもあります。その際は，
「なるほど〜」と意見を肯定しつつ，『なんでこちらの方が
広いのかな？』などと考えを広げてから，『どうやって比
べる？』と発問します。

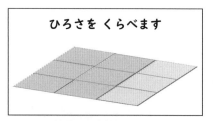

ひろさを くらべます

　発問に応じ，これまで学習を生かして，実際に入ってみ
て確かめる子ども，「長さ」など他の測定での学びを生か
して端に揃えようとする子どもなど，実際に調べながら比
べ方を考えます。アイデアを出してくれた子どもは，大いに称賛しましょう。ただ，「○チー
ム5枚，△チーム4枚」などのように僅差の調べ学習は判断が難しいので，段階に応じた発問
となるように心がける必要があります。

【ゲームの要所：広さを比べよう】

　考えた方法で，実際に比べてみましょう。考えが出なかった場合は，教師がシートの中に入
り，色がバラけていると調べにくいことに着目させます。このとき，1段階の子どもと一緒に
調べながらシートを揃えていってもよいです。揃えた後は，『どちらが広い（狭い）？』と最
初の発問を改めて投げかけ，確かめながら正しい選択を促します。繰り返し発問することを通
して，自分のチームは相手のチームと比べて，広い（狭い）のかを確認しましょう。

　子どもの理解が深まる2〜3回戦目には，あえてシートを動かさないで調べる方法について
も発問します。これまで，他の題材で間接比較を学習したことのある子どもであれば，同じ大
きさのシートが9つあることに気づくこともあるでしょう。
難しい場合は，『○チームは，何枚あるのかな？　数えて
みよう！』と，色ごとに数えた枚数を数字として書き出す
ことを通して，気づきを促します。数字に着目して，『6
と3だと，どちらが広いのかな？』と改めて問いかけるこ
とで，数の多いほうが「一方に対して広い」という比べる

際の手がかりを学ぶ機会となります。この学習を通して，先程，例にあげた「○チーム５枚，△チーム４枚」のような僅差の比較であっても，「(△チームより，)○チームのほうが広い」と発表できるようになります。回を重ね，広さを調べる際に，「１，２……」と数える姿が見られた際は，大いに称賛しましょう。

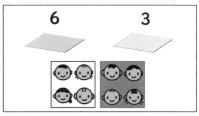

これまで，シートの数を調べたり，一方を基準として広さを相対的に比べたりしてきましたが，最後に改めて実際に入ってみて確かめることも大切です。「たくさん人が乗れる」「たくさん歩けるね」「先生と私しか乗れない」「移動できないよ」などの様々な言葉で表出しつつ，“広い”から人がたくさん乗れるし，歩ける」「“狭い”から乗れないし，歩けない」など，広さの量の違いについて言い表す方法に気づけるよう心がけます。また，別々のチームの子どもがそれぞれのシートに載ることで，相手の乗っている広さを意識する機会を設けてもよいです。

【ゲームの要所：勝敗決め，結果発表】

広さについて調べた後は，本対戦の勝敗を決めます。前項「レールつなぎゲーム」と同様に，ボールくじを用いて行います。長さと比較すると，広さの言葉については文字で触れる機会がまだ少ないので，なるべく言葉の習得に繋がるように，該当の子どもへ役割を与えるようにしましょう。「広い」「狭い」を読み上げ，どちらのチームがあてはまるかを確認し，「こちらが広い（狭い）」と発表するようにします。また，発表した子どもだけでなく，合言葉のように繰り返し全体で確認することで，言葉での表現を覚える機会にもなります。該当のチームには，ポイントとなるカラーマグネットが進呈されます。

以上の活動を繰り返し，ポイントが集まったところで集計をします。１回の授業で３〜５回戦程度の実施となることが多いので，集計は主に１段階の子どもへお願いしましょう。ポイントを多く集めたチームの優勝です。

【ワンポイントアイデア】

「じんとりゲーム」は床面で行いましたが，理解が進んできたところで，右図のように黒板・白板などに貼りつけ，間接比較の学習を深めてもよいです。

算数

16 まとあてゲーム

👥
対象

小学部1段階・2段階・3段階
（小学校1，2年）

（髙津　梓）

ゲームの概要

　中に豆が詰まった布製のやわらかいボール（ビーンズバッグ）をマジックテープのついたスコアーマットに投げる「まとあてゲーム」を題材に，得点を〇×で表すゲーム的な活動を行いました。ビーンズバッグが的にあたって貼りつけば〇，貼りつかずに落ちたら×と書き込んだ簡単な表を作り，〇の数を数えて得点を数字で書いたり，マグネットに置き換えたグラフを作成したりしながら，出来事を数量化して比較することをねらいました。

学習のねらい

小学部1段階	主に「B数と計算」を扱っている。
知・技 B－ア－(ア)－ウエカ	1-❶　6までの範囲で数唱をしたり，具体物を操作したりする。 1-❷　表やグラフのマグネットを数えながら動かす。
思・判・表 B－ア－(イ)－㋐	1-❸　教師の支援を受けて出来事を〇などで表したり，〇やマグネットを数詞と対応させたり，数字で表現したりする。
学・人	友達との活動に関心をもち，自ら数を用いて表現しようとする。

小学部2段階	主に「Dデータの活用」「A数と計算」を扱っている。
知・技 D－イ－(ア)－㋐ D－ウ－(ア)－㋐㋑ A－ア－(ア)－㋓	2-❶　的あての結果に合わせて〇×を書いた表を作成する。 2-❷　〇の数をマグネット等に置き換えて並べて，視覚的に「多い」「少ない」「同じ」を判断する。 2-❸　〇の個数を正しく数えて，表に書き表す。
思・判・表 D－ウ－(イ)－㋐	2-❹　的あての結果を「あたったら〇」「あたらなかったら×」と捉えて，表に表す。
学・人	結果を〇×で残して勝敗が決まる活動に興味をもち，自ら数を用いて表現しようとしたり得点を比較しようとしたりする。

小学部3段階　主に「Dデータの活用」を扱っている。	
知・技 D－ア－(ア)－㋐㋑	3-❶　的あての結果を○×で表し，○を数えて数字を書き入れた表を作る。 3-❷　グラフの高さから，得点の「多い」「少ない」「同じ」を比較して答える。
思・判・表 D－ア－(イ)－㋐	3-❸　表の数字を見て，同数のマグネットを積み上げたグラフを作ったり，方眼紙のマスを数えて棒グラフを書いたりする。
学・人	結果を表やグラフで表しながら勝敗を判断することに興味をもち，自ら表やグラフを用いて表現しようとしたり得点を比較しようとしたりする。

教材・教具

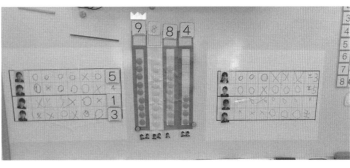

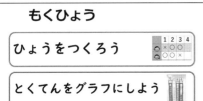

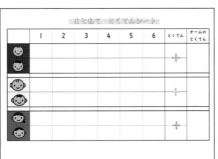

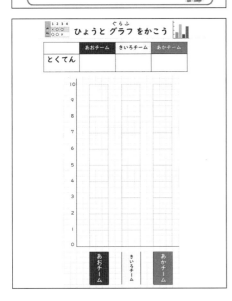

●本時の目標や活動の流れを示したスライド

●スライド提示用モニター

●[あると便利] スライド送り用ポインターリモコン

●的あての的と球（本稿では，パステル舎「ビーンズバッグセット」を使用）

●掲示用の表・グラフシート

●カラーマグネット

●数字カード（1〜12，無地カード）

●ワークシート（表・グラフ）

●丸シール

国語

算数

各教科等を合わせた指導

ゲームと学習の流れ

ゲーム活動の流れ		活動及び評価機会		
		1 段階	2 段階	3 段階
的あてをする				
1	・順番のチーム（2チーム1人ずつ）は前に出る			
2	・見学チームの「3.2.1スタート！」の合図に合わせ，ビーンズバッグを投げる			
3	・あたって貼りついたら○，貼りつかなかったら×をホワイトボードの表に書く　『あたったから○ですね』『おしい！　はずれたから×ですね』	1-❸	2-❶　2-❹	3-❶
4	・見学チームの子どもは，ワークシートの表に○×を書いたり，シールを貼ったりする	1-❸	2-❶	3-❶
5	・1人3球ずつ投げたら交代する（2周し，計6球投げる）			
得点を数える				
6	・○の数を数えて，表に数字を書く	■	2-❸	3-❶
	・○の上にマグネットを貼った後，マグネットの数を数え，数字カードを選んで貼る	1-❶　1-❸	■	■
7	・表の数字を見て，対応する数のマグネットをグラフに貼る	■	2-❷	3-❸
	・表にあるマグネットを数えながら動かし，グラフに貼る	1-❷	■	■
8	・他チームに「いいですか」と確認をする			
9	・あっていたら，「いいです」と答える			
10	・自分のチームの得点を計算する	■	■	
	・自分のチームの得点を数える			■
11	・得点を比較し，多いチームを答える　『どれが一番多い？』『(数詞)の方が(数詞)より多い（少ない）ですね』		2-❷	3-❷
12	・優勝チームの発表を聞き，優勝チームはメダルを受け取る			
ワークシートを完成させる				
13	・○の数を数えて個人の点数を書く	■	2-❸	■
	・○の数を数えて個人の点数の数字カードを選んで貼る	1-❶	■	■
14	・各チームの得点を計算する／数える			
	・各チームの得点を数える	1-❶	2-❸	
15	・表を見て，棒グラフを書く	■	■	3-❸
	・表を見て，丸シールを貼った積み上げグラフを作る		2-❷	■
16	・グラフを見て「多い」「少ない」「同じ」を確認する		2-❷	3-❷

表内の目標に対応する活動で見られた姿について，以下の基準で評価をしました。

評価レベル	観察された姿
1	・行おうとしない　　・機会なし
2	・身体ガイダンス等を受けて教師と一緒に行う
3	・教師のモデルを模倣して行う
4	・教師の促し（問いかけやジェスチャーなど）を受けて行う
5	・自発的に取り組む　　・自発的に答える

指導のポイント

【全体の流れ】

　最初にモニターに映したスライドでルールを説明し，各活動に合わせてスライドを動かしていくことで，今何をやるかを子どもに視覚的に伝えます。スライドの下部にその活動をする人を表示していくことで，役割や順番にも見通しをもって活動でき，教師の言語指示がなくても自分から前に出たり，友達同士で誘い合ったりする姿が見られるようになります。また，チームは段階の違う子どもをペアにし，実態に合った活動に各自の役割を振ることで，友達と役割分担をしながら一連の流れの中で学習をすることができます。

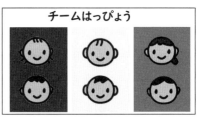

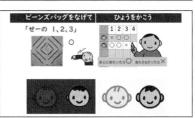

　ルール説明の際や最後の振り返りの際に，「あたった」「あたらなかった」を残しておくために○×を書いていくことや，後から表を見ることでゲームの結果がわかること，グラフにすることで結果が見やすくなることなどを，子どもに問いかけながら確認をしましょう。

【ゲームの要所：的あての結果を表にする】

　ビーンズバッグのよいところは，あたったらそのままくっついているので，結果を見逃さずに済むところです。なければ，マジックテープのついたボールの的あてでもよいです。また，学習集団によっては自分の的あて結果を表に記入するのではなく，写真のように「チームの友達の結果を見て，記入する」などのアレンジもできます。

　あたらなかったことに落ち込む子どももいます。遠くに投げることができることが目的ではないので，それぞれの子どもがなるべくあたりやすい距離から投げて，あたる回数が多くなるように設定します。それぞれビーンズバッグ置き場のように机を置いて，その前から投げるように場所を示すとわかりやすく，一人一人に応じて距離を調整することができます。そして，何より，「的あての結果」よりも「結果を見て○×を書けたこと」をたくさん評価していきます。

 国語

 算数

 各教科等を合わせた指導

表の記入は，最初はそのつど「あたったから○ですね」「はずれたから×ですね」と教師が言葉にして，表へ書き込むことを促していきます。徐々に，子どもが書くのを待って，「そうですね，あたったから○ですね」と子どもができたことを評価する言葉かけにしていきましょう。○×は最初のうちは手を添えるなどの支援をし，1人で書けるようになったらフェイドアウトしていきますが，○を書くことが難しい場合は，丸マグネットを貼るだけでもよいです。2段階3段階の子どもについては，手元のワークシートに○×を記入するようにしますが，全体進行の教師（MT）とSTとで連携をしながら，正しく記入できているかを確認しながら進めていきましょう。

【ゲームの要所：表とグラフを作る】

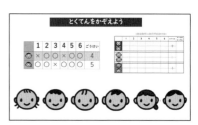
とくてんをかぞえよう

○×が揃ったら，1人ずつ前に出てきて○を数えて数字を書きます。このとき，まだ具体物・数字・数詞の対応ができていない子どもは，○の上にマグネットを貼って，教師と一緒に指さしながら数唱をし，数詞を確認した後に，数字カードから対応する数字を選ぶようにします。数字カードの選択肢は実態に合わせて提示し，間違ったものを選ぶ前に正しいものを選べるよう，数詞を伝えながら正しい数字がある範囲をぐるりと指さす，その数字を指さす，などの段階的な支援をします。選んだら，「そうですね，3ですね」と数字を指さしながら確認をしましょう。

グラフへのマグネット貼りは，チームの中の1段階の子どもから行います。表の数字を再度確認して，表のマグネットを1つずつ数えながらグラフに移していき，数字カードをもう一度選ぶようにします。2段階以上の子どもは，すでに貼ってあるマグネットの上に積み上げるように自分の得点の分のマグネットを貼っていくようにします。数と具体物の対応を学習している子どもの場合は，ぴったりの数のマグネットを渡したり，多めに渡して「1，2……」と数えながら貼ってその数で手を止めるように支援したりして，正しい個数分を貼ることができた経験を重ねていきましょう。

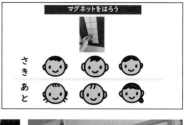
マグネットをはろう

【ゲームの要所：チームの得点計算とまとめ】

それぞれの得点のマグネットを貼り終わったら，それを数えたり（1・2段階），2人の点をたし算したり（3段階）することで合計得点を出します。2段階以上の集団であれば，先にチームの丸の数を数えるなどして合計得点を出してから，その得点に合わせてマグネット貼りをしてもよいでしょう。

得点を比較し，どのチームの得点が多いかを答えるように促し，マグネットの高さを比べながら，確認をします。このとき，「（数詞）の方が（数詞）より多いですね」と「多い」「少ない」「同じ」をゆっくり強調しながら伝えていくことが大切です。結果発表は，「見よ，勇者は帰る」（ヘンデル）などのBGMを流すと，盛り上がります。

子どもの目標と照らし合わせてその活動の際にそのつど称賛をしていきますが，授業の最後に再度目標のスライドを示しながら，誰がどんなところをがんばっていたか，何ができるようになったかを伝えたり，子ども自身が振り返って言葉にしたりする時間も設けられるとよいでしょう。

最後にワークシートでもう一度得点計算をしたり，得点を数えたりしながら，グラフを作っていきます。2段階の子どもまでは，グラフ用紙に表にある得点と同じ数の丸シールを貼ります。グラフに慣れてきた3段階の子どもについては，定規を使って棒グラフをていねいに書く経験をしていきましょう。

【ワンポイント】

表をホワイトボードに提示する場合は，ホワイトボードシートに表を書いたものを貼りつけて使うと，そのつど線を引いて書かなくてもよくなるので時短になります。○×を間違えたときもすぐ消すことができ，上にマグネットも貼れるので，おすすめです。

国語

算数

各教科等を合わせた指導

算数

 17 あわせていくつ？

対象 小学部１段階・２段階・３段階
（小学校１，２年）

（髙津 梓）

ゲームの概要

「♪あわせていくつ？　よーいどん♪」のかけ声に合わせて数字を選び，友達と作った式をもとに，たし算やひき算の体験をする活動です。

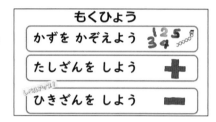

学習のねらい

この活動は，３段階の目標である加法・減法を題材にして，数を使った友達とのゲームを楽しむ中で，式を見て答えを出すことに興味・関心をもつことをねらいとしています。

１・２段階相当の子どもは，数を数えることを目標に取り組みながら，友達がたし算・ひき算を行う姿を見て，今後の学習の見通しや，「自分もやってみたい」という気持ちをもつきっかけとします。また，３段階相当の子どもは，友達と一緒に取り組むことで学習への意欲を高める機会とします。

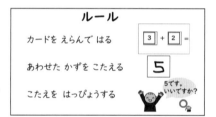

【小学部１段階】「Ｂ数と計算」ア－(ア)－⑦①，ア－(イ)－⑦
【小学部２段階】「Ａ数と計算」ア－(ア)－⑦①⑦②，ア－(イ)－⑦
【小学部３段階】「Ａ数と計算」イ－(ア)－⑦①⑦①⑦②，イ－(イ)－⑦

教材・教具

●スライド・モニター
●たし算シート・ひき算シート
●数字カード
●マグネット（２色）
●正解ポイント

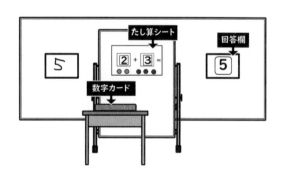

ゲームと学習の流れ

ゲームの流れ		活動及び評価機会		
		1段階	2段階	3段階
1	・2人ずつ前に出る（段階の同じ子どもをペアにし，必要に応じて教師が代行する）			
2	・「あわせていくつ（のこりはいくつ）？　よーいどん」のかけ声で数字カードを選ぶ			
3	・数字カードをたし算（ひき算）シートに貼る			
計算をする				
4	［1段階］3までの数字が入ったかごから2人で1枚ずつ数字カードを選ぶ	○		
	・選んだ数字カードと対応する数のマグネットを取って渡す『3ください』	○		
	・取ったマグネットを，数えながら貼る	○		
	・友達がマグネットを貼るのを見る			
	・「あわせていくつ？　せーの」のかけ声で，マグネットを合わせて数える	○		
	・数字カードを選んで，解答欄に答えを貼る			
	［2段階］10までの数字の入ったかごから2人で1枚ずつ数字カードを選ぶ			
	・選んだ数字カードと対応する数のマグネットを数えながら貼る		○	
	・友達がマグネットを貼るのを見る			
	・「あわせていくつ？　せーの」のかけ声で，マグネットを合わせて数える		○	
	・回答欄に数字を書く		○	
	［3段階］Ⓐ9〜20まで，Ⓑ0〜9までの数字カードが入ったかごから，1枚ずつ数字カードを選ぶ			
	（教師は，子どもの実態に合わせてたし算シート・ひき算シートを提示する）			
	・Ⓐの数字カードを選んだ子どもは左，Ⓑの数字カードを選んだ子どもは右に貼る			
	・式を見て，計算をする			○
	・解答欄に数字を書く			○
5	・必要に応じて教師から助言を受けながら回答を修正する『まだ間に合うよ』			
6	・回答した子どもは「いいですか？」と聞く			
7	・見ている子どもは，答えがあっていたら「いいです」と答える			
8	・答えあわせを聞く（マグネットを貼ったり，取り去ったりして視覚的に説明する）			
9	・正解した子どもは正解ポイントを受け取る（全員正解するよう，［7］で支援する）			

 ## 指導のポイント

　みんなでかけ声をかけることで（「じゃんけんぽん」のように），楽しい雰囲気をつくりましょう。このゲームだけで取り組んでも盛り上がりますが，授業の導入やまとめなどに取り入れながら，実態に合わせた個別学習（グループ別学習）と併せて取り組むのがおすすめです。

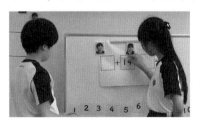  

18 まえ・うしろ・みぎ・ひだりクイズ

対象 小学部1段階・2段階・3段階
（小学校1, 2年）

（田中　翔大）

ゲームの概要

　フラットリングやビニールシートの上で，音楽や合図に合わせて前後左右に移動するゲーム的活動です。位置に関する指示を見たり聞いたりしながら，実際に体を動かしたり，ボールを探したりします。

学習のねらい

　前後，左右，上下の位置関係について体感的に学び，その言葉の理解を促します。最初は，動画や矢印を見ながら，同じ方向に動きます。徐々に支援を文字や口頭での言語指示に移し，自ら考えて動くことができるようにします。I段階の子どもは，教師と一緒に前後に動いてみたり，特定の位置に置いてあるボールを取ることを通して，言葉に触れながら，対象物に注目することを目指します。

【小学部1段階】「C図形」ア -（ア）- ㋐㋑，ア -（イ）- ㋐

【小学部2段階】「A数と計算」ア -（ア）- ㋕，ア -（イ）- ㋐

【小学部3段階】「B図形」ア -（ア）- ㋒，ア -（イ）- ㋒

教材・教具

- ●動画および指示を表示するためのスライド・モニター
- ●3×3に区分けされたビニールシート
   （実態に応じて，斜め前後はなくてもよい）
- ●カラーフラットリング5
   （基準となる真ん中のリングは，違う色だとよい）
- ●ボール（2色あるとよい）

ゲームと学習の流れ

	ゲームの流れ	活動及び評価機会		
		1段階	2段階	3段階
0	・動画やスライドで，前後左右の確認をする	○	○	○
前後左右クイズをする				
1	・順番に呼ばれた子どもは前に出て，基準点である真ん中に立つ（2人ずつ） ・音楽や合図に合わせて，前後左右に移動する	○	○	○
2	・待機の子どもは，教師の合図に合わせて，「○○（方向）」と言ったり，指さしたりする			○
3	・音楽や合図が終わったら，席に戻る			
ボールはどこだクイズをする				
4	・置かれたボールの位置を答える（「机の上」「椅子の下」など）			○
5	・置かれたボールを取って，教師に渡す	○		
6	・席に戻って，次に置かれる場所を見る ※4〜6を繰り返す			
7	・並んだボールを見て，「右から○番目」などと問題を出題する			○
8	・改めて順番を確認し，問題のボールの色を変える		○	
9	・特定の色のボールを取る	○		
10	・「いいですか」と確認をする			
11	・あっていたら，「いいです」と答える ※7〜11を繰り返す			

 指導のポイント

　前後，左右，上下など方向や位置に関する言葉については本来小学部3段階で扱うものですが，本単元はクイズ感覚で学ぶために，あえて言葉を使いながら学習しています。

　特に前後左右クイズでは，必ず基準点となる「真ん中」から始めるようにしてください。真ん中という言葉も難しいので，リングの色を変えたり，足型を記入したりしてわかりやすくするだけでなく，必要に応じて身体ガイダンスで誘導しましょう。

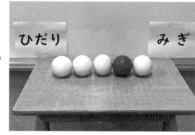

　また，前後や上下については，様々な場面で身体感覚を用いて学習することが求められます。後述の「かもつれっしゃ」や右図のように，他教科と関連させながら学習するとよいです。ちなみに右図は，エアロビックステップを用いたステップ運動の様子です。音楽に合わせて，「前，後ろ」と合図を出しながら繰り返すことで，自然に学ぶ機会となります。階段や段数の多い踏み台での学習も効果的です。

 算数

各教科等を合わせた指導

19 たまはこびゲーム

 小学部1段階・2段階・3段階
（小学校1，2年）

（田中　翔大）

ゲームの概要

教室にある大小のボールを集めて，その数を競うゲームです。冒頭に，集める大きさを決めてから行います。集めたボールは，それぞれの大きさに合う数え筒を用いて数を数えます。

学習のねらい

一方を基準とし，相対的に比べて「大きい」「小さい」を学ぶ授業です。また，集めたボールを前述の「たまいれゲーム」と同様に，個数を確認して対比させたり，集計したりする活動を通して，学びを生かす機会とします。繰り返すことで最初はボールを集めることに夢中な子どもも，自分の集める大きさのボールのみを運ぶなどの工夫が見られるようになります。

【小学部1段階】「D測定」ア-(ア)-㋐㋑，ア-(イ)-㋐

【小学部2段階】「C測定」ア-(ア)-㋑㋒，ア-(イ)-㋐

　　　　　　　　「Dデータの活用」ア-(ア)-㋐，ア-(イ)-㋐，イ-(ア)-㋐，イ-(イ)-㋐

【小学部3段階】「A数と計算」イ-(ア)-㋑㋒㋓，イ-(イ)-㋐

教材・教具

●ボール（大きさの異なる同じ色ものを10個ずつ使用）

●数え筒（右図：大小2種類使用し，用意の難しい場合は，
　大きいボールの入らない数え用のかごを用意するとよい）

●掲示用グラフシート，ワークシート　　　●数字カード

●カラーマグネット，丸シール

ゲームと学習の流れ

ゲームの流れ	活動及び評価機会		
	1段階	2段階	3段階
0 ・大小のボールを見て，大きさの確認をする	○	○	
たまはこびゲームをする（各チーム2回行う）			
1 ・順番のチーム（1チーム2人一緒に）は前に出る			
2 ・集める大きさのボールを決める	○		
3 ・「3.2.1スタート！」の合図と音楽に合わせ，ボールを運んでかごに入れる	○	○	○
4 ・音楽が止まったら席に戻る			
得点を数える			
5 ・ボールを数え筒に入れながら数唱をする ・最後の数を再度声に出して個数を確認する	○	○	
6 ・ボールの数と対応する数字を貼ったり，書いたりする	○	○	
7 ・数字を見て，同数のマグネットを掲示用グラフシートに貼る		○	
8 ・改めて数を確認し，「(数詞)です。いいですか？」と発表する			
9 ・あっていたら，「いいです」と答えたり，ジェスチャーで応じたりする			
ワークシートに取り組む（「得点を数える」と並行して行う）			
10 ・[5]で行った個数の確認に応じて，ワークシートの表に数字を記入する 　（必要に応じて，掲示用のグラフシートも参照する）		○	○
11 ・得点に対応した数をシールや○印で表し，グラフを作る		○	○
12 ・チームごとの得点を合わせる			○
結果発表			
13 ・合わせた得点をチームごとに記入する			○
14 ・1番多い得点のチームを確認する 　（必要に応じて，マグネットを直線に並べるなど，差をわかりやすくする）		○	○
15 ・優勝チームを発表し，表彰する			

 ## 指導のポイント

　単元／授業の冒頭は，手元で2種類の大きさのボールを見せ，「こっちの方が大きい」などと文言を添えながら確認しましょう。特に1・2段階の子どもへは，実際にボールに触れる機会を多く設け，「ボールが筒に入らない」などの体験を通して理解を深めるようします。併せて「小さい方が（持ちやすくて）多く運べる」「大きい方が探しやすい」など，探して運ぶ際のポイントを言語化することで，相対的に比べる際の感覚を高められるようにします。また，発展させたゲームとして，「大きいボールは10，小さいボールは1」とし，位取りの基礎を学ぶ機会としてもよいです（中学年以降）。

国語

算数

各教科等を合わせた指導

算数

20 どちらがながいかな？

対象　小学部1段階・2段階
（小学校1，2年）

（田上　幸太）

ゲームの概要

　ひもや，プラスチックパイプなど同じ形状で長さの異なる教材を使用して，物の長さを比べ，「長い」「短い」を判断したり，ひもと同じ長さになるように細長い積み木を並べたりして，長さに親しむ活動です。

学習のねらい

　ひもを動物のしっぽに見立てた教材や長さの異なるパイプを箱から引っ張り出し，見た感覚によって長いと表現します。また，2つの具体物を並べて提示し，一方を長いと区別することをねらいます。また，ひもを床に置き，同じ長さになるように積み木を並べることで長さという属性を知ることをねらった活動です。

　【小学部1段階】「A数量の基礎」ア-(ア)-㋐，ア-(イ)-㋐
　　　　　　　　　　「D測定」ア-(ア)-㋐㋑，ア-(イ)-㋐
　【小学部2段階】「C測定」ア-(ア)-㋐㋑㋒，ア-(イ)-㋐

教材・教具

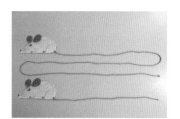

- 動物のしっぽに見立てた，長さの異なるひもの自作教材
　（3m，2m，1m，50cm，10cmの規格を準備）
- 積み木（細長いものがのぞましい）
- プラスチック製パイプ　　●かご（分類用）

※本実践では，絵本『しっぽ．しっぽ．しっぽっぽ』（木曽秀夫作絵，フレーベル館）の読み聞かせを併せて行います。教材作りの際にも本書を参考にしました。

ゲームと学習の流れ

ゲームの流れ	活動及び評価機会	
	1段階	2段階
長さ比べをする		
1 ・2人の子どもが前に出る		
2 ・合図に合わせ，2人で箱から動物のしっぽに見立てたひもを引っ張り出す	○	
・前に出た2人は引っ張り出したひもを見て，感覚的に長いと判断した方を指さしたり，「長い」と答えたりする	○	
3 ・引っ張り出した2本のひもを端を揃えて並べて掲示し，もう一方の端に注目させながら，長いを選び，指さしたり，「長い」または「短い」と答えたりする		○
4 ・見学している子どもに「いいですか」と尋ねる		
5 ・あっていたら「いいです」と答える	○	○
〈ひもでは比べるのが難しい子どもの場合〉		
6 ・合図に合わせ，2人で箱からプラスチック製パイプを引っ張り出す	○	
7 ・前に出た2人は引っ張り出したパイプを見て，感覚的に長いと判断した方を指さしたり，「長い」と「短い」に分類したカゴに入れる	○	○
8 ・見学している子どもに「いいですか」と尋ねる		
9 ・あっていたら「いいです」と答える	○	○
同じ長さに並べる		
10 ・動物のしっぽに見立てたひもを教師と一緒に床にまっすぐに置く	○	
11 ・ひもと同じ長さになるように細長い積み木を並べる	○	○
12 ・並べ終わったら，他の子どもに「いいですか」と尋ねる		
13 ・あっていたら「いいです」と答える	○	○
・異なる場合は，積み木をつけたしたり，減らしたりして同じ長さになるようにする		

 ## 指導のポイント

　動物のしっぽに見立てた教材の学習では，ねずみを題材とし，同じ大きさにしたねずみに異なる長さのひもをつけた教材を複数用意しました。しっぽ（ひも）が見えないようにねずみだけが見える箱を用意し，引っ張ると，スルスルとひもが見えるようにすることでひもやその長さに注目できるよう工夫しました。一方，ねずみを見てひもに注目するのが難しい子どもがいたことから，別にプラスチック製パイプを使って学習しました。ここでは音階パイプを使用しましたが，同じ色で長さの異なるパイプ（1オクターブ違い）を使用すると区別できた子どもがいました。同じ長さに積み木を並べる活動は，多くの子どもが取り組むことができました。同じ長さに近くなってきたところでひもへの注目を促すと，同じ長さのところで終わりにできやすくなります。

国語

算数

各教科等を合わせた指導

算数

ブロックつみゲーム（たかさ）

対象　小学部１段階・２段階・３段階
（小学校１，２年）

（髙津　梓）

ゲームの概要

　ブロック（ウレタン製の積み木や箱など）をチームの友達と協力して積み上げ，高さを比較するゲーム活動です。

　ゲームの勝敗基準（高い，低い）をくじで決めるようにすると，高さを調節したり，積み上げ方を変えたりするなど，それぞれのペースで工夫して楽しむ様子も見られます。

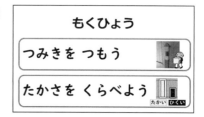

学習のねらい

　高さの異なるものを比較することで，ものの高さの名称（「高い」「低い」）や特性を知ることをねらっています。また，３段階相当の子どもについては，離れたところにあるものの高さをどう比較するか，直接比較や間接比較，任意単位による比較，直接測定による比較などの方法を考える機会としています。

【小学部１段階】「Ｄ測定」ア-(ア)-㋐㋑，ア-(イ)-㋐

【小学部２段階】「Ｅ測定」ア-(ア)-㋐㋑㋒，ア-(イ)-㋐

【小学部３段階】「Ｅ測定」ア-(ア)-㋐㋑，ア-(イ)-㋐

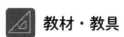 教材・教具

●スライドモニター　　　　●くじ箱

●ブロック（子どもの実態に合わせて）

●ビニールひも・メジャー・ものさしなどの比較ツール

●「高い」「低い」くじボール（高い，低い，○番目に高いなど）

●勝敗表示用カラーマグネット　　　●数字カード（１～５）

ゲームと学習の流れ

ゲームの流れ	活動及び評価機会		
	1段階	2段階	3段階
ブロックを積む（子どもは3～4チームに分かれる）			
1 ・「3.2.1スタート！」の合図に合わせてブロックを積む			
2 ・音楽が止まったら手を止めて席に着く			
高さを比べる（各段階に合わせて支援し，1人2回以上機会があるように指名する）			
3 ・高さの比べ方を考えて伝えたり，動作で表現したりする 『どうやって比べる？』			○
・高さの違うブロックを見たり触れたりする	○	○	
4 ・高さを比べて，「これが一番高い（低い）」と正しく言う 「○番目に高い（低い）」ものを正しく選んで伝える			○
・教師の「高い（低い）のはどれ？」の発問に，2択から正しい方を指さす		○	■
・高い方を指して「こっちのほうが高い」と言う		○	■
・低い方を指して「こっちの方が低い」と言う		○	■
・教師の発問を聞き，ブロックを見たり指さしたりする	○		■
・教師の言葉を模倣して「高い」「低い」と言う	○		■
5 ・教師の説明を聞く『こっちはこっちよりも「高い（低い）」ですね』			
勝敗を決める			
6 ・ボールくじを引く（代表者）			
7 ・ボールくじを読み上げる	○		
8 ・ボールくじに書いてあった基準（「高い」「低い」など）のものを選ぶ	○	○	
・「これが『高い』です」と発表する	○	○	
9 ・基準にあてはまったブロックを積んだチームに，ポイントを付与する ※時間に応じて繰り返す			
結果発表			
10 ・ポイント（得点）の数を数えて数字カードを選んで貼る		■	
11 ・各チームの得点を見て，「多い」方を答える		■	
12 ・優勝チームの発表を聞く		■	
13 ・感想や，次回がんばりたいことを発表する		■	

 ## 指導のポイント

　基本的な指導のポイントは，「レールつなぎゲーム」（p.74）と同様です。「高さ」は起点が揃っているので，「長さ」より比較がしやすいです。

　ウレタン積み木は積みやすく安定感があり，段ボールなどの箱はバランスが取りにくいため積みにくいですが，ゲームが盛り上がります。また，前者はサイズが固定なので任意単位による比較がしやすく，後者は大きさが異なっているものを使用することで比較方法のバリエーションを増やすことができます。

どっちがおおい？ （みずのかさ）

 対象　小学部1段階・2段階・3段階
（小学校1，2年）

（髙津　梓）

ゲームの概要

　異なるサイズのペットボトルに入った様々な量の水のかさを，どちらが多いかの予測を立ててチームで協力して量り，比べる活動です。

┌─────────────────────┐
│　　　　**もくひょう**　　　　│
│ ┌─────────────────┐ │
│ │ みずのかさをくらべよう 🍶🍶 │ │
│ └─────────────────┘ │
│ ┌─────────────────┐ │
│ │ くらべかたをかんがえよう ？ │ │
│ └─────────────────┘ │
└─────────────────────┘

学習のねらい

　様々な量の水のかさを比べる活動を通して，直接比較をしにくいものの比べ方を考えたり，容器を移し替えて間接比較で比べたりすることをねらっています。

　【小学部1段階】「D測定」ア-(ア)-㋐㋑，ア-(イ)-㋐
　【小学部2段階】「E測定」ア-(ア)-㋐㋑，ア-(イ)-㋐
　【小学部3段階】「E測定」ア-(ア)-㋐㋑，ア-(イ)-㋐

┌─────────────────────┐
│　**かさくらべゲーム**　│
│ ①おおいと おもうものを えらぶ ？ │
│ ②コップに みずを うつす │
│ ③コップの かずを かぞえる 1 2 3 │
│ ④おおい ひとの かち │
└─────────────────────┘

教材・教具

- スライドモニター　　●iPad などの投影用機器
- ペットボトル（200ml，350ml，500ml，1L，2L など）
- 紙コップ（5オンス；約150cc などの小さめのサイズ）
- 色水（食紅で着色）
- ワークシート

どれがおおい？

**ペットボトルの
中の 水は**

コップ　　　　　　はい でした

ゲームと学習の流れ

ゲームの流れ	活動及び評価機会		
	1 段階	2 段階	3 段階
水のかさの比べ方を考える（それぞれ希望する子ども 1 ～ 2 人が行い，他の子どもはそれを見る）			
1 ・同じ大きさのペットボトルの中にある水を，高さで比べる			
2 ・異なる大きさのペットボトルに入っている水の比べ方を考える			○
3 ・同じ大きさの入れ物に移し替えて高さで比べる	○	○	
※1 段階の子どもは多いと思うものを指さす（正解でなくてもいい） 2 段階の子どもは「こっちの（水の）方が多い（少ない）」と一方を基準に 表現する			
4 ・コップに移し替えて杯数で水のかさを比べる	○	○	
※3 と同様			
かさ比べをする（最初は 2 択，慣れてきたら 3 択にする）			
5 ・水のかさが一番多いと思うペットボトルを選ぶ（自分の写真カードを置く）	○	○	
6 ・同じものを選んだ友達同士のチームに分かれる			
7 ・コップに水を移し替える			○
8 ・コップの杯数を数える			○
9 ・ワークシートに杯数を書く			○
10 ・各チームの杯数を発表する			
11 ・水の入ったコップを比べて，「多い」ものを答える（正解でなくてもいい）	○		
・水の入ったコップを比べて，「こっちの水の方が多い」と答える		○	
・水の入ったコップを比べて，「多い」「少ない」「同じ」ものを答える			
12 ・結果発表をする			
※正解した子ども，友達と協力して取り組んだ子どもにポイントを付与			

 指導のポイント

ゲーム活動の前に，3 段階の子どもに対し，かさの比べ方を考えたり試したりする機会を設けます。悩む様子が見られたら，すぐに答えを伝えるのではなく，それとなくコップを見える所に置いて気づきを促し，「わかったかも！」に繋がる演出をしましょう。その後のゲーム活動では，3 段階の子どもにリードしてもらいつつ，1・2 段階の子どもが「比べる」ということに興味を持ち，楽しむことを大切にしていきます。

国語

算数

各教科等を合わせた指導

算　数

 **23 しらべよう！
みんなのすきなもの**

対象 小学部1段階・2段階・3段階
（小学校1，2年）

（髙津　梓）

ゲームの概要

　自分や友達，教師の好きなものを予想して調べる学習です。投票用紙に丸をつけたものを投票で集め，表を使って集計したり，グラフで表したりしながら順位を発表します。

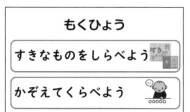

もくひょう

すきなものをしらべよう

かぞえてくらべよう

学習のねらい

　各自が投票した票を見て，丸がついているものを1として〇や正の字で表して数を確認する簡単な表を作ったり，表をもとにグラフを作成したりしながら，出来事を数量化して比較することをねらいました。また，1段階の子どもは具体物を操作しながら，数を数えることも合わせて学習しています。

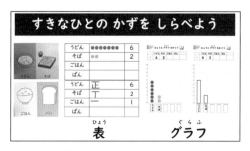

表　グラフ

【小学部1段階】「B数と計算」ア-(ア)-⑦⑤⑩，ア-(イ)-⑦
【小学部2段階】「Dデータの活用」イ-(ア)-⑦，イ-(イ)-ア，ウ-(ア)-⑦，ウ-(イ)-⑦
　　　　　　　　「A数と計算」ア-(ア)-⑤
【小学部3段階】「Dデータの活用」ア-(ア)-⑦⑥，ア-(イ)-⑦

教材・教具

●スライドモニター　●投票用紙　●投票箱　●ワークシート（表グラフ）　●マグネット

ゲームと学習の流れ

ゲームの流れ	活動及び評価機会		
	1段階	2段階	3段階
1 ・1番人気のものを予想する			
投票をする			
2 ・自分の好きな選択肢を選ぶ			
3 ・投票用紙に○をつける			
4 ・2回折りたたむ			
5 ・投票箱に入れる			
票を数えて表にする（1段階の子どもは教師と一緒に前方ホワイトボードで，2・3段階の子どもは各自プリントで行う）			
6 ・投票用紙を1枚ずつ取り出し，○のついた部分を読み上げる（代表者）			
7 ・ホワイトボードにある表の読み上げられたものの箇所にマグネットを貼る	○		
・手元の表の読み上げられたものの箇所に○を書く		○	
・手元の表の読み上げられたものの箇所に正の字を書く			○
8 ・教師と一緒にマグネットを指さしながら数唱する	○		
・数詞を聞いて数字を選ぶ（2択から）	○		
・表のシールや○を正しく数える		○	
・○やシールの数を書く（書く場所は支援を受けてもよい）		○	
・○や正の字を数えて表を完成させる			○
グラフを完成させる			
9 ・表のマグネットを教師と一緒に数えながら動かして，グラフを作る	○		
10 ・表の数字をグラフ用紙に移し書きする（縦から横へ）		○	○
・数字を見て，対応する数のシールを貼ったり○を書いたりする（積み上げ）		○	
・数字を見て，棒グラフを書く			○
11 ・グラフを見て「多い」「少ない」「同じ」ものを答える		○	
・グラフを見て「(○番目に) 多い」「少ない」「同じ」を確認し，結果を答える			○
12 ・結果発表をする			

指導のポイント

　細かい指導の流れについては，「まとあてゲーム」（p.86）を参考にしてください。票と同数のシートを渡すことで1段階の子どもの「分類」の学習も併せて行うこともできます（右写真）。

　この活動では，「○○について調べよう」と子どもが取り組みたくなる題材設定が大切です。本稿では，他教科で使用していた教材である「すきなのどっち？」（tobiraco Co., Ltd.）を活用し，「これを使ってみんなに聞いてみよう」というところからスタートしました。その他にも，「校外学習の行き先を決めよう」「（栄養教諭と連携して）給食のおかずを決めよう」という活動もよいですね。投票をして何かを決めるという活動は，将来参加する「選挙」にも繋がっていきます。

国語

算数

各教科等を合わせた指導

各教科等を合わせた指導

[生活・国語・算数・音楽]

24 ぐるぐるうたすごろく

対象 小学部1段階・2段階・3段階
（小学校1，2年）

（田上　幸太）

ゲームの概要

　2〜3人のチームに分かれ，サイコロを振り，出た目に応じて4つのマスをぐるぐると回りながら，マスごとに用意された音楽表現の選択肢の中から相談して1つを選び，歌唱やダンスをする活動を通して集団で協力する楽しさを学ぶ各教科等を合わせたゲーム活動を行いました。1段階から3段階の子どもが共同（協同）学習を通して，ゲームを遊びとして楽しむことやその中での役割を担うこと（生活），簡単な数字に触れて数と動きを対応させること（算数），歌唱やダンスを通して音楽表現を楽しむために必要な技能に触れたり（音楽），集団に参加するための手順やきまりを理解して遊びやゲームに参加できるようになること（自立活動）などをねらいました。

学習のねらい

小学部1段階	
知・技 生活　エ-(イ) 算数　B-ア-(ア)-ⓒ 音楽　A-ア-(ウ)-ⓐⓒ	1-❶　「ぐるぐるうたすごろく」の自分の係について関心をもつ。 1-❷　3までの目のあるサイコロを振り，出た目を「1・2…」と唱える。 1-❸　選んだ歌やダンスについて，音楽を感じて，歌声を出したり体を動かす。
思・判・表 生活　エ-(ア) 算数　B-ア-(イ)-ⓐ 音楽　A-ア-(ア)	1-❹　教師や友達と一緒に「ぐるぐるうたすごろく」を遊ぼうとする。 1-❺　3までの目のあるサイコロを振り，出た目と同じ数だけマスを進む。 1-❻　音楽を聴いて自分なりに歌やダンスで表す。
学・人	教師の支援を受けて友達と活動や自分の係に取り組もうとする。

小学部2段階	
知・技 生活　カ-(イ) 音楽　A-ア-(ウ)-ⓐⓒ	2-❶　先頭に立つ，サイコロを振る，活動を発表するなどの役割を知る。 2-❷　曲の特徴的な部分について，歌詞やメロディを覚えて友達や先生と一緒に歌ったり踊ったりする。

思・判・表	2-❸ 教師の支援を受けながら，ゲームの中での役割に取り組む。
生活　カ-(ア) 音楽　A-ア-(ア)	2-❹ 選んだ歌やダンスについて，好きな部分や歌詞，特徴的な旋律を自分なりに歌ったり踊ったりする。
学・人	友達と一緒に活動に取り組んだり，自分の係に取り組もうとする。

小学部3段階	
知・技	3-❶ 先頭に立つ，サイコロを振るなどの自分や友達の役割を理解する。
生活　カ-(イ) 国語　ウ-(ア) 音楽　A-ア-(ウ)-⑦⑦	3-❷ 言葉の響きやリズムを感じながら歌の紹介文（口上）を読む。 3-❸ 曲の特徴的な部分について，メロディやリズムを意識し，友達や先生と声や動きを一致させて歌ったり踊ったりする。
思・判・表	3-❹ 自分から進んでゲームの中での役割を果たしたり，友達の役割を応援したりする。
生活　カ-(ア) 国語　C-エ 音楽　A-ア-(ア)	3-❺ 絵本の登場人物になったつもりで歌の紹介文（口上）を演じながら読む。 3-❻ 選んだ歌やダンスについて，情感を込めて好きな部分や歌詞，特徴的な旋律を歌ったり踊ったりする。
学・人	自他の役割がわかり，友達と協力して活動に取り組もうとする。

※ここでは各教科の内容について取りあげ，自立活動の内容については割愛しています。

 教材・教具

- 学習のめあてや活動の流れを示すための掲示物
  （モニターで表示してもよい）
- 絵本『いっきょくいきまぁす』（長谷川義史作絵，
  PHP研究所）
- 曲選択用絵カード
- サイコロ（1～3まで）
- 机（マスとして使用）

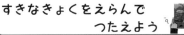

もくひょう
- すきなきょくをえらんで
つたえよう
- ともだちと
きょうりょくしよう
- たのしかったことやきもちを
はっぴょうしよう

ゲームと学習の流れ

| ゲーム活動の流れ | | 活動及び評価機会 | | |
		1 段階	2 段階	3 段階
ぐるぐるうたすごろくをする				
1	・学習のめあてや，チームのメンバー，一人一人の係の発表を聞く	1-❶	2-❶	3-❶
2	・順番のチーム（3チーム2人または3人）は前に出る	1-❸	2-❸	3-❹
3	・サイコロを取りに行き，チームでサイコロを持つ	1-❹		
4	・「せーの」というかけ声に合わせて，サイコロを転がす	1-❹	2-❸	3-❸
5	・数え係が，出たサイコロの目（1〜3）の数字を読む	1-❷ 1-❺	3-❸	3-❸
6	・先頭係を先頭にしてチームの子どもが一列に並び，マスを移動する	1-❹	2-❶ 2-❸	3-❶ 3-❹
7	・到着したマスにある3つの曲名絵カードから活動を選択する	1-❹		
8	・発表係が選択した曲名を発表し，活動紹介文（口上）を読み上げてボードに貼る		2-❸	3-❷ 3-❺
9	・チームで選択した歌を歌ったり，ダンスを踊ったりする	1-❸ 1-❻	2-❷ 2-❹	3-❸ 3-❻
10	・他のチームは前で活動に取り組んでいるチームを応援したり，手拍子で歌やダンスを盛り上げたりする	1-❹	2-❸	3-❹
11	・3チームがそれぞれに3回ずつ上記の活動を繰り返す			
1人ずつ感想を発表する				
12	・3回の活動（歌やダンス）の中から，楽しかった活動を1つ選ぶ	1-❹	1-❸	3-❹
13	・今の気持ちを5つの選択肢の中から選ぶ（2つ選ぶ場合もある）	1-❹	1-❸	3-❹
14	・選んだ活動について「わたしは○○（曲名）が楽しかったです」と言葉や身振りで発表し，他の子どもに伝える	1-❹	1-❸	3-❹
15	・他の子どもは発表を聞き，発表者に拍手をして称賛する			

表内の目標に対応する活動で見られた姿について，以下の基準で評価をしました。

評価レベル	観察された姿
1	・行おうとしない　　・機会なし
2	・身体ガイダンス等を受けて教師と一緒に行う
3	・教師のモデルを模倣して行う
4	・教師の促し（問いかけやジェスチャーなど）を受けて行う
5	・自発的に取り組む　　・自発的に答える

学習活動の場面配置について

　「ぐるぐるうたすごろくゲーム」では，学習机4つをマスとして四隅に並べ，各マスに選択肢の絵カードを貼ったボードを設置します。マスの間の床にテープを貼って進路がわかるようにします。最初はスタート地点にチームで立ち，サイコロを振って，「1・2…」とマス❶からマス❹を回り，止まったマスの選択肢カードから曲を選んで歌います。

指導のポイント

【全体の流れ】

　最初にホワイトボードに学習のめあてを示し，チームの
メンバーとチームの中での係について説明します。めあて
（学習の目標）は，「すきなうたをえらぼう」「ともだちと
いっしょにやろう」「たのしかったことをはっぴょうしよ
う」の３つです。１段階から３段階までの子どもが集団で

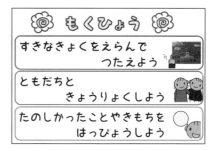

学習します。子どもの実態を踏まえてチームの係（役割）を上手く分担できるようにチーム分
けを工夫することが活動を楽しく進行する上で重要です。

　学習活動は，すごろくのルールを理解して活動すること，友達と協力しながら各自の役割を
遂行すること，チームのメンバーで選択肢から１曲を選んで歌うこと，一人一人が感想を発表
することなどゲームの進行に沿って大きく４つの学習課題に取り組んでいきます。この際，教
師は積極的にモデルを示し，必要に応じて身体援助を伴いながら，なるべく活動の滞りが起き
ないように配慮し，活動を遂行する成功体験を積み重ねていくことに重点をおいて支援してい
きます。

　このゲーム活動を通して，友達と集団で遊べるようになる力，役割がわかって取り組めるよ
うになる力，歌やダンスを自分なりに表現できるようになる力を育んでいくために，活動を繰
り返し行うことをおすすめします。２回，３回と繰り返すことで，まずゲームのルールがわか
るようになり，１〜３までの数の理解が深まったり，自分の好きな歌を歌う喜びがわかって活
動に参加する意欲が高まったりするなどの育ちが期待できます。また，活動の習熟に応じて子
どもの役割を交代して様々な役割を経験していくことは，お互いを応援したり協力したりする
態度を育むために効果的です。

【ゲームの要所：絵本の読み聞かせを通して歌に親しむ】

　このゲーム活動は，カラオケを主題にした絵本『いっき
ょくいきまぁす』（長谷川義史作絵，PHP 研究所）を重要
な題材としています。子どもは本ゲーム活動に至るまでの
学習活動の中で，本書の読み聞かせを繰り返し経験し，本
書の中で紹介されている歌に十分に親しんできました。繰
り返しの構造をもちながら，内容が変化展開していくとこ
ろは，どの子どもにもわかりやすく，特に本書の中で各曲
を紹介する文章（筆者らは "口上" と呼んでいました）が

優れて歌唱への気持ちを高める効果があり，その文章を読むことが大好きな子どももいました。

国語

算数

各教科等を合わせた指導

読み聞かせでは，教師がそれぞれの曲をなるべく情感を込めて歌い，自分なりに歌うことのよさや，曲長や歌詞の魅力そして絵本の魅力を伝えるようにしました。曲は，子どもに馴染みのある曲から，大人世代の曲まで幅広く選ばれており，最初はじっと聞き入っている子どもが多いのですが，子どもはすべての曲を自分なりに覚えて，読み聞かせをする教師の歌唱に合わせて一緒に歌ったり，手拍子で盛り上げたりできるようになりました。

【ゲームの要所：教師が積極的にゲーム進行を支援し，子どもの学習を支える】

　ゲーム活動は，すごろくの形式をとっています。すごろくはごく一般的で馴染み深いゲームですが，サイコロを振る，出た目の数だけ進む，止まったマスの指示に従うなどの複数の要素を含んでいます。すごろくゲームに十分親しんでいない子どもがルール理解のところで活動につまずかないように，教師がチームに帯同して進行の方向や活動の手順を指示したり，サイコロを片づけたりするなどの環境整備を細かく行うことで，子どもが活動に集中できるように配慮することが有効です（実際に活動初期にはルールを飲み込めずに子どもが教室を出て行ってしまうこともありました）。

　サイコロを振るときは，チームの子どもで一緒に持ち，「せーの」の合図に合わせて振ることで，活動するチームの子どもと見ている子どもの注意をサイコロに向けることが重要です。また，サイコロは特に1段階の子どもの実態を踏まえ，1〜3までとしました。サイコロの目には赤く大きく書かれた数字と，数字と同じ数の青いドットを表示しました。

　子どもに応じ，数字を読むように促したり，ドットを指さしながら「1．2．3」と唱えるように促したりします。

　数えた後に「いくつですか？」と尋ね，「3！」などと正しく答えることで基数の理解が促され，出た目に合わせて自分が移動することで1対1対応の理解ができるなど，子どもの実態に合せて工夫することで数の概念の学習場面を設定することができます。実際に，この活動を通して1〜3までの数がわかり，言えるようになった子どもがいました。

【ゲームの要所：曲の選択と決定を支援する】

　止まったマスではそれぞれに３つの曲が選択肢として用意されています。選択肢の数は子どもの実態に応じて２つでもよいでしょう。選択では歌いたい曲が分かれることがあり，チームで１つに決めることも集団参加や協力において大事な学習場面となります。ここでは，まず一人一人が友達に気兼ねすることなく，自分の希望や好みに添って選択することを支援することが大切です。自分で選ぶことを目標とする子どもの場合，友達の意見に影響されないように一番に選択を促す配慮をすることがあります。どれを選んでも不正解ではないことを伝え，安心して選ぶことを促します。

　また，意見が分かれた場合に，相手に譲ることができた子どもは積極的に褒めるようにし，譲ってもらった子どもには，「次に意見が分かれたときには〇〇さんに譲ってあげるとすてきだね」などと伝え，譲り合い方について学ぶ機会をもつようにしました。

【ゲームの要所：気持ちの表明を支援する】

　学習の振り返りとして，①楽しかった活動，②学習後の「今の気持ち」を発表します。発表で楽しかった活動を選択する際は，選択に使った曲の絵カードを使います。また，気持ちの選択については「おもしろい・ドキドキ・くやしい・たのしい・つまらない」の５つのイラストを用意し，その中から指さしや言葉などで伝えます。伝える際は，教師が一緒に身振りや言葉でモデルを示すことで子どもが自分の気持ちを発表すること支援します。「ドキドキした」「くやしかった」などの気持ちについても表明できたことをしっかり褒めるように心がけることが大切です。

【ワンポイント】

　「ぐるぐるうたすごろく」では，絵本『いっきょくいきまぁす』（長谷川義史作絵，PHP研究所）を題材としたため，歌の選択肢を絵カードにする際に絵本の挿絵を複写して使用しました。複写して教材として使用することに際しては，事前に出版社に申請を行い，許諾を得た上で教材化し，授業を行いました。

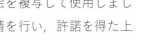

[算数・音楽]

25 かもつれっしゃ
なんばんめ？

対象 小学部1段階・2段階・3段階
（小学校1，2年）

（髙津　梓）

ゲームの概要

　躍動感のある「かもつれっしゃ」（作詞：山川啓介／作曲：若松正司）の歌を元気に歌い，リズムに乗って拍に合わせて手や体を動かして列車になりきりながら教室を巡り，「ガッシャン」の合図で友達と向かい合い，じゃんけんをして繋がっていくゲームです。一斉にゲームを行うのではなく，一人一人が「じゃんけん」と「前後」を学習するために，順番に前に出てきて行いました。

学習のねらい

　前半は，拍や曲のリズムを感じながら体を動かしたり自分なりの表現をしたりしながら，友達と一緒に体を使って表現することをねらっています。後半は，繋がっている自分たちの「順番」を確認し，写真カードで全体像を視覚的に見ながら，数唱をしたり「前（後ろ）から〇番目」の表現に触れたり，位置に関する言葉を使って表現することをねらっています。

【小学部1段階】　算数「B数と計算」ア -(ア)- ⑦㋘，ア -(イ)- ㋐
　　　　　　　　　音楽「A表現」ア -(ア)，ア -(イ)，ア -(ウ)- ㋐㋑㋒
【小学部2段階】　算数「A数と計算」ア -(ア)- ㋕，ア -(イ)- ㋐
　　　　　　　　　音楽「A表現」エ -(ア)，エ -(イ)- ㋐㋑，エ -(ウ)- ㋐㋑㋒
【小学部3段階】　算数「B図形」ア -(ア)- ㋒，ア -(イ)- ㋒
　　　　　　　　　音楽「A表現」エ -(ア)，エ -(イ)- ㋐㋑，
　　　　　　　　　エ -(ウ)- ㋐㋑㋒

教材・教具

●子ども全員の写真カード（名刺大）
●列車カード（裏にマグネット）
●音源「かもつれっしゃ」（作詞：山川啓介／作曲：若松正司）

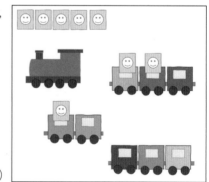

ゲームと学習の流れ

ゲームの流れ	活動及び評価機会		
	1段階	2段階	3段階
列車ゲームをする			
1 ・やりたい人は手をあげて，あてられたら前に出る			
2 ・挑戦したい子どもを，写真カードから選ぶ			
3 ・呼ばれた子ども（繋がっている子ども）は前に出る			
4 ・全員で「ミュージック・スタート」のかけ声をかける			
5 ・前にいる子どもは列車を表現した動作をしながら，教室をぐるぐる回る	○	○	○
・「ガッシャン」の合図で，向かい合い，じゃんけんをする	○	○	○
6 ・勝った方が前，負けた方が後ろになるように写真カードを列車カードに貼る「○○さんが前，○○さんのうしろが△△さん」			○
7 ・次にやりたい人は手をあげて，あてられたら前に出る			
8 ・すでに前後が繋がっている子どもが選ばれたら，全員で前に出て列になる「○○さんが一番前，○○さんの後ろが△△さん」			○
9 ・全員が繋がるまで繰り返す			
10 ・前から順番に自分の番号を言っていく	○	○	
順番の確認をする			
11 ・ホワイトボードの列車カードと対応させ，写真カードを並べる（教師が写真カードをはがして，順番に渡し，1対1で並べていくことを促す）	○		
・「自分は前から（後ろから）□番目か」の問いに答える	■	■	○
12 ・「前」「後ろ」を教師と確認して順番を数え，自分の順番を答える	■	○	■
・教師が示すカードを見ながら，自分のカードまで順番に数唱をする	○	■	■
・「前（後ろ）から□番目の人は誰か」の問いに答える	■	■	○
13 ・「前」「後ろ」を教師と確認して順番を数え，「前から□番目」の人を答える	■	○	■
・教師が示すカードを見て一緒に数唱をして，前から□番目の写真を答える	○	■	■
14 ・「○○さんの□つ前（後ろ）は誰か」の問いに答える	■	■	○

 ## 指導のポイント

　親しみやすい楽曲で全員が一斉にやっても盛り上がりますが，今回は「友達に挑戦するという」設定で，ゆっくり，1対1，1対2，2対3と少しずつ人数が増えていくようにします。繋がって歩くことにだんだんと慣れていくことができます。前で活動しない時間も多くなりますが，一緒に歌ったり手拍子をしたりしながら，友達の活動を応援する機会となります。

　数唱や順序，位置を表す言葉の確認は，対象となる子どもに合わせてゆっくりと伝えたり，模倣を促したりしながら，数や図形に関する単語に多く触れるようにしていきましょう。

 国語

 算数

各教科等を合わせた指導

26

[生活・算数・国語]

ざいりょうを
かいにいこう！

 対象 小学部１段階・２段階・３段階
（小学校１，２年）

（髙津　梓）

ゲームの概要

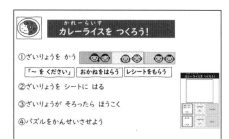

　チームに与えられた「カレーを作ろう」「サンドイッチを作ろう」などのミッションを達成するために，買い物をして材料集めをするゲームです。材料を集めたらもらえるパズルを完成させて，ミッションクリアです。

学習のねらい

　買い物のシミュレーション場面で，物の名前や「○○をください」などの言葉でのやりとりをしたり，実際の金銭を扱って物とお金を交換する経験をしたりすることをねらっています。

【小学部１段階】生活「ク金銭の扱い」（イ）

　　　　　　　算数「Ａ数量の基礎」イ-(ア)-㋐　「Ｂ数と計算」ア-(イ)-㋐

　　　　　　　国語〈知・技〉ア-(ア)　〈思・判・表〉「Ａ聞くこと話すこと」イ

【小学部２段階】生活「ク金銭の扱い」（イ）　　　算数「Ａ数と計算」ア-(イ)-㋐

　　　　　　　国語〈知・技〉ア-(ア)　〈思・判・表〉「Ａ聞くこと話すこと」イ，エ

【小学部３段階】生活「ク金銭の扱い」（イ）

　　　　　　　算数「Ａ数と計算」ア-(ア)-㋑，ア-(イ)-㋐

　　　　　　　国語〈知・技〉ア-(ア)　〈思・判・表〉「Ａ聞くこと話すこと」エ，オ

教材・教具

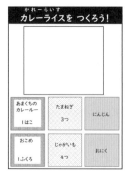

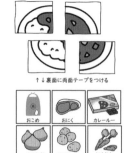

↑↓裏面に両面テープをつける

●財布，レシート

●お金（１・２段階の子どもは100円玉のみ）

●ミッションシート　　　●完成品パズル

●材料カード（裏面に両面テープをつける）

●支払い支援シート

ゲームと学習の流れ

ゲームの流れ	活動及び評価機会		
	1段階	2段階	3段階
順番の確認をする			
1 ・ミッションカードを受け取って，チームで確認する			
2 ・財布を持って店（教室前方にいる教師のところ）に行く			
3 ・レジに並ぶ			
4 ・【3段階】「〈種類〉の〇〇をください」「〇〇を〈〜（単位）〉ください」と伝える			○
・【2段階】「〇〇を〈〜（単位）〉ください」と伝える		○	
・【1段階】「〇〇をください」と言う，または絵カードを指さして伝える	○		
5 ・金額を聞く			
・財布を開けて支払いをする			
【3段階】500円以内の金額を聞いて，500円玉を出してお釣りを受け取る			○
小銭を並べてちょうど支払う（必要に応じて支払いツールを使用）			○
【2段階】200円と聞いて100円玉を2枚出す		○	
100円以下の金額を聞いて，100円玉を出してお釣りを受け取る		○	
【1段階】100円玉を1枚出してお釣りを受け取る	○		
6 ・お釣りとレシートを受け取って財布にしまう	○		
7 ・材料カードを受け取って席に戻る			
8 ・材料カードをミッションシートに貼る			
※担当分の買い物を繰り返す			
9 ・材料が揃ったら，教師に報告する			
10 ・完成品パズルのピースを受け取る	○	○	
11 ・完成品パズルを完成させる（主に1段階の子どもが取り組むようにする）	○		

指導のポイント

　同じ「材料の買い物」でも，伝え方や支払いの方法をそれぞれの子どもの段階に合わせて学べるよう，ミッションカードの担当や財布の中の硬貨の種類を設定します。例えば，下図左のレシート例のように段階に応じて金額をどう提示するか決めて，硬貨を準備します。店員役の教師は下図右の支払い支援シートや指さし，ジェスチャーなどを含めて段階的に支援し，子どもたちがそれぞれ自分で支払いができたと感じられるようにしましょう。

3段階
ちょうどの支払い用

3段階
おつりあり用

2段階
ちょうどの支払い用

1・2段階
おつりあり用

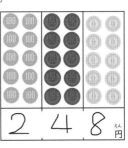

国語　算数　各教科等を合わせた指導

おわりに

　知的障害のある子どもたちに「教科」をどう教えていくか。

　教える内容が細かく示された新しい学習指導要領を読み，学級を見渡せばそこには学び方も学ぶ内容も違う一人一人の子どもたち。教科よりもまずは身辺自立やコミュニケーションをという声が聞こえ……。決まった教科書などのよりどころがなく，学校や担任の先生の裁量に任されているという現状の中，多くの先生方が悩み，試行錯誤をしている状況を伺います。

　私も，そんな途方に暮れたうちの1人でした。

　筑波大学附属大塚特別支援学校小学部では，2018年度から現行の特別支援学校小学部学習指導要領を踏まえた，「教科」の内容を扱った授業づくりについて重点的に取り組んできました。

　最初のうちは戸惑いましたが，本校がこれまで大事にしてきた，子ども同士がやりとりをしながら学び合う「共同（協同）学習」を基盤にした授業づくりに，「何をどう教えるか」の答えがありました。

1　子どもたちが，みんなで楽しみながら取り組めそうな簡単な活動を設定する。

　　（活動自体に興味がなさそうなときには，好きなキャラクターを活動のガイド役にしたら？　活動で流れる曲を好きな曲にする？　など，発想は柔軟に！）

2　子どもたち一人一人の目標に合わせた課題をトラップのように仕込む。

　　（トラップというより，「これができたら次に進める」というスイッチのように！）

3　一人一人が必ず課題を達成できるような支援（教材・ツール・個別支援）を準備する。

　自分の「できた」が友達との活動の遂行や達成に繋がる経験を繰り返すことで，「できた」ことが「うれしい」と感じられたり，友達と楽しむために次もチャレンジしたい，友達みたいなちょっと難しそうなこともやってみたい，という意欲が高まったりするといいなぁと思いながら，あれこれ準備をしています。

　もちろん，実際にやってみると，よくも悪くも「想像とちょっと違った」ということが多々起こります。でもそれは，子どもたちからの「この仕組み，いいね！」や「ここわかりづらかったから，改善してね！」のメッセージです。ありがたく，糧にさせていただいています。

　その細かい準備の「あれこれ」や，子どもたちに教えてもらった工夫を，これまで一緒に授業づくりに取り組んできた先生方と一緒に，本書に詰めこみました。

ただし，本書だけで学習指導要領のすべてを網羅しているわけではありません。

　算数では，ご紹介したゲーム的活動を単元の最初に行い，次の時間に学校探検やそのほかの体験的な学習を設定し，学んだことを活用する機会を設けています。国語では，ゲーム的活動で様々な言葉に触れながら，物語を読んだり作文やお手紙を書いたりといった活動と併せて行っています。

　さらに，他の教科と題材や学習経験を関連させ，教科横断的な学びとして，連続的・反復的に学習を深めていくよう，カリキュラム・マネジメントを進めています。

　本書でご紹介したゲーム的活動を，子どもたちが「教科」の学びを楽しむ，アイデアの1つとしてご活用いただけると嬉しいです。

　本書で実践を執筆いただいたゲームマスターの先生方と，時に厳しく時にあたたかく子どもたちの学びに何が必要かを教えてくださる米田宏樹先生，ありがとうございました。みなさんと一緒にこの本を作ることができてとても嬉しいです。

　さらに，教材作りにはなくてはならないシンボル「ドロップス」をこの世に生み出し，そして本書での使用をご快諾くださいました，ドロップレット・プロジェクト代表の青木高光先生と，シンボルデザイナーの竹内奏子先生に心より感謝を申し上げます。

　また，本書で紹介した授業に元気に参加し，さらに授業改善に協力してくれた30名の子どもたちと，そしてそれをあたたかくご支援くださる保護者のみなさまに，お礼を申し上げます。これからの日々の中でさらにお返しができるよう，教育活動に一層努めてまいります。

　最後に，本書を手に取ってくださったみなさま，本当にありがとうございます。日々教育活動に励まれる多くの先生方と，子どもたちの豊かな未来を目指して，これからも一緒に歩んでいけますと幸いです。

子どもたちの「わかった」「うれしい」「もっと知りたい」がもっともっと広がりますように！

編著者　髙津　梓

【編著者紹介】

髙津　梓（たかつ　あづさ）
筑波大学附属大塚特別支援学校教諭

米田　宏樹（よねだ　ひろき）
筑波大学人間系教授

【執筆者紹介】＊執筆順
米田　宏樹　　筑波大学人間系教授
髙津　梓　　　筑波大学附属大塚特別支援学校教諭
佐藤　義竹　　筑波大学附属大塚特別支援学校教諭
田上　幸太　　筑波大学附属大塚特別支援学校教諭
田中　翔大　　筑波大学附属大塚特別支援学校教諭
鴫原　初穂　　千葉県立千葉特別支援学校教諭

特別支援教育サポートBOOKS
個別のねらいに合わせて評価ができる
全員参加のゲームでつくる特別支援教育の授業
特別支援学校小学部・小学校特別支援学級

2024年6月初版第1刷刊　©編著者　髙　　津　　　　梓
　　　　　　　　　　　　　　　　　　米　　田　　宏　　樹
　　　　　　　　　　　　　　発行者　藤　　原　　光　　政
　　　　　　　　　　　　　　発行所　明治図書出版株式会社
　　　　　　　　　　　　　　http://www.meijitosho.co.jp
　　　　　　　　　　　　　　　（企画）佐藤智恵（校正）nojico
　　　　　　　　　　　　　〒114-0023　東京都北区滝野川7-46-1
　　　　　　　　　　　　　振替00160-5-151318　電話03(5907)6703
　　　　　　　　　　　　　　ご注文窓口　電話03(5907)6668
＊検印省略　　　　　　　　組版所　株式会社木元省美堂

本書の無断コピーは，著作権・出版権にふれます。ご注意ください。

Printed in Japan　　　　　　ISBN978-4-18-355939-5
もれなくクーポンがもらえる！読者アンケートはこちらから